TOUS EN CUISINE !

120 RECETTES À PARTAGER

Apéros entre potes

SOLAR
EDITIONS

SOMMAIRE

BONBONS SAUCISSES POULET-CHORIZO

POUR 15 PIÈCES • PRÉPARATION : 30 MIN • RÉFRIGÉRATION : 15 MIN
CUISSON : 25 MIN

8 feuilles de brick + 250 g de hauts de cuisse de poulet désossés et sans peau
50 g de chorizo saucisson doux + 20 g de chapelure + ½ œuf battu + 60 g de beurre
1 gousse d'ail + ½ bouquet de coriandre + 1 cuil. à soupe de vin blanc sec
½ cuil. à café de piment d'Espelette + Sel

❒ Ôtez la peau du chorizo et coupez-le en petits dés ainsi que 80 g de poulet. Pelez l'ail. Lavez et ciselez la coriandre.

❒ Au mixeur, hachez grossièrement par pulses 170 g de poulet avec l'ail et 2 cuillerées à soupe de coriandre. Incorporez cette chair à saucisse aux dés de poulet et de chorizo, puis ajoutez le vin, la chapelure, l'œuf et le piment. Salez bien et réservez 15 minutes au réfrigérateur. Prélevez des petites boulettes de farce et roulez-les entre vos mains de haut en bas pour former des mini-saucisses de 5 × 2,5 cm.

❒ Préchauffez le four à 200 °C (th. 6-7). Poêlez les saucisses 5 minutes dans 20 g de beurre, juste pour colorer l'extérieur. Coupez les arrondis des feuilles de brick pour obtenir de grands rectangles. Retaillez chacun en deux rectangles. Badigeonnez-les avec 40 g de beurre fondu sur les deux faces. Posez les saucisses en bas des rectangles et roulez vers le haut. Fermez les cylindres aux extrémités avec de la ficelle (sans trop serrer) pour obtenir une forme de bonbon. Enfournez pour 20 minutes sur une plaque garnie de papier sulfurisé.

❒ Coupez la ficelle aux ciseaux et servez les bonbons bien chauds à l'apéritif ou en entrée, accompagnés d'une salade iceberg agrémentée de coriandre et d'une sauce yaourt-citron.

FINGERS DE CHÈVRE CITRON-ROMARIN

POUR 14 FINGERS • PRÉPARATION : 25 MIN • CONGÉLATION : 1 H • CUISSON : 15 MIN

4 crottins de Chavignol moelleux (à température ambiante) + 3 œufs + 200 g de chapelure
30 g de farine + 30 g de poudre d'amandes + 2 citrons + 3 brins de romarin + ½ cuil. à café de poivre 5 baies + 1 l d'huile d'arachide + Sel, poivre

❒ Lavez et hachez les feuilles de romarin. Lavez les citrons et râpez finement les zestes. Concassez le poivre 5 baies. Raclez légèrement la croûte des crottins, écrasez-les à la fourchette, puis incorporez-leur 2 cuillerées à café de zestes de citron, 2 cuillerées à café de romarin, le poivre 5 baies et 40 g de chapelure. Mélangez bien.

❒ Avec les mains farinées, prélevez 1 cuillerée à café de farce, formez une boulette, puis sur un plan de travail fariné, roulez-la avec la paume de haut en bas pour obtenir une fine saucisse de 10 × 1 à 1,5 cm. Réalisez les autres saucisses. Passez-les dans les œufs battus salés et poivrés, puis dans 60 g de chapelure mélangée aux amandes. Passez-les une deuxième fois dans les œufs, puis dans les 100 g de chapelure restante. Panez-les bien soigneusement. Réservez 1 heure au congélateur.

❒ Chauffez l'huile dans une casserole moyenne et faites-y frire les saucisses par fournée de trois, jusqu'à ce qu'elles soient dorées. Égouttez-les sur du papier absorbant.

❒ Servez aussitôt les fingers à l'apéritif ou en entrée avec une salade de jeunes pousses, quelques framboises et des amandes concassées.

SAUCISSES FEUILLETÉES CITRON VERT ET WASABI

POUR 40 SAUCISSES • PRÉPARATION : 25 MIN • CUISSON : 25 MIN

2 rouleaux de pâte feuilletée + 200 g de jambon blanc + 150 g d'échine de porc
1 œuf entier + 1 jaune + 2 gousses d'ail + 2 citrons verts + 30 g de chapelure
2 cuil. à café d'herbes de Provence + 3 cuil. à café de miel liquide
1 cuil. à soupe d'huile d'olive + 1 tube de wasabi

❐ Coupez le jambon et le porc en morceaux. Lavez et râpez les zestes des citrons. Pelez et hachez l'ail. Au mixeur, hachez le jambon avec le porc, l'ail, les zestes et les herbes par pulses afin d'obtenir un hachis ni trop fin ni trop épais. Incorporez l'œuf entier, la chapelure, le miel et 3 cuillerées à café de wasabi. Malaxez à la main. Prélevez des cuillerées de farce et façonnez-les à la main en forme de mini-saucisses de 4 × 2 cm. Réalisez 40 saucisses environ. Faites-les revenir 5 minutes dans l'huile pour les colorer, puis laissez-les totalement refroidir.

❐ Taillez les pâtes feuilletées en bandes de 2 cm de large. Enroulez une saucisse dans une bande de pâte et coupez la pâte dès qu'elle a fait un tour et demi. Réalisez ainsi les autres saucisses feuilletées. Posez-les sur une plaque garnie de papier sulfurisé, badigeonnez-les de jaune d'œuf battu avec un filet d'eau et parsemez-les d'herbes de Provence.

❐ Préchauffez le four à 210 °C (th. 7) et enfournez pour 20 minutes.

❐ Servez les saucisses feuilletées chaudes accompagnées de wasabi détendu avec un filet de citron vert.

FALAFELS

POUR 4 PERSONNES • PRÉPARATION : 25 MIN • CUISSON : 10 MIN

1 boîte de pois chiches de 800 g + 1 oignon + 1 gousse d'ail + ½ citron + 10 brins de persil plat + 1 pincée de cumin + 1 pincée de piment + 3 cuil. à soupe de farine + 1 cuil. à soupe d'huile d'olive + 4 cuil. à soupe d'huile de tournesol + Sel, poivre

❒ Égouttez et rincez les pois chiches. Pelez et émincez l'ail et l'oignon. Rincez, séchez et équeutez le persil.

❒ Placez le tout dans le bol du mixeur et ajoutez l'huile d'olive, un filet de jus de citron, du sel, du poivre, le cumin et le piment. Mixez quelques secondes pour obtenir un mélange pâteux.

❒ Versez la farine dans une assiette creuse. Avec la pâte de pois chiches, formez des boulettes de la taille d'une grosse noix entre vos mains et roulez-les dans la farine.

❒ Faites chauffer l'huile de tournesol dans une grande sauteuse. Ajoutez les falafels et faites-les dorer à feu moyen 5 à 6 minutes en les retournant délicatement.

CROQUETTES D'AVOINE AUX CACAHUÈTES

POUR 4 PERSONNES • PRÉPARATION : 25 MIN • CUISSON : 10 MIN • REPOS : 10 MIN

150 g de flocons d'avoine + 1 oignon nouveau + 5 brins de persil + 15 cl de lait + 1 œuf
30 g de cacahuètes grillées + 2 cuil. à soupe d'huile neutre + Sel, poivre

❒ Versez les flocons dans un saladier. Ajoutez le lait tiède et mélangez. Laissez gonfler pendant 10 minutes.

❒ Lavez l'oignon, puis hachez-le très finement, y compris sa tige verte. Rincez le persil, essorez-le et hachez-le. Hachez les cacahuètes.

❒ Salez et poivrez les flocons d'avoine, ajoutez l'œuf et mélangez. Incorporez ensuite l'oignon et le persil hachés, puis les cacahuètes. Formez 8 à 12 boulettes et aplatissez-les entre vos mains.

❒ Faites chauffer l'huile dans une poêle antiadhésive. Ajoutez les croquettes et faites-les dorer 3 minutes de chaque côté. Disposez-les sur un plat garni de papier absorbant et dégustez.

ROULÉS AU SAUMON

POUR 4 PERSONNES • PRÉPARATION : 5 MIN

4 galettes de sarrasin + 200 g de fromage à tartiner du type St Môret®
1 dizaine de brins de ciboulette émincés finement
4 grandes tranches fines de saumon + Poivre

❒ Mélangez la ciboulette au fromage à tartiner et poivrez.

❒ Déposez une tranche de saumon sur chaque galette.

❒ Tartinez une couche fine de fromage sur le saumon.

❒ Roulez en serrant bien et coupez des tranches de 1,5 cm environ.

Au saumon, à la truite ou au haddock, c'est tout aussi bon !

CROQUETAS DE MORUE

POUR 6 PERSONNES • PRÉPARATION : 25 MIN • TREMPAGE : 12 H • REPOS : 3 H
CUISSON : 25 MIN + 20 MIN ENVIRON

400 g de morue séchée et salée + 1 œuf + 400 g de pommes de terre à chair farineuse
4 ciboules ou oignons nouveaux + 3 gousses d'ail + 2 citrons + 6 brins de persil plat
75 g de farine + 1 cuil. à soupe de bicarbonate de soude + 4 cuil. à soupe d'huile d'olive
Sel, poivre noir

❐ Faites tremper la morue dans une bassine d'eau froide, peau dessus, pendant au moins 12 heures en renouvelant l'eau plusieurs fois. Égouttez-la et placez-la dans une casserole, couvrez d'eau froide et portez à ébullition. Laissez cuire sur feu doux pendant 25 minutes environ à découvert. Pendant ce temps, faites cuire les pommes de terre à l'eau bouillante salée dans leur peau, égouttez-les et pelez-les. Pelez et hachez les gousses d'ail. Lavez, essorez et hachez le persil. Parez et émincez finement les ciboules.

❐ Égouttez la morue, éliminez la peau et les arêtes. Effeuillez la chair dans un saladier. Réduisez les pommes de terre en purée et ajoutez-les à la morue, ainsi que l'ail, les ciboules et le persil. Mélangez intimement avec une spatule. Incorporez également l'œuf, la farine et le bicarbonate de soude. Ne salez pas, mais poivrez. Mélangez jusqu'à consistance homogène. Couvrez et laissez reposer 3 heures au réfrigérateur.

❐ Tapissez deux plaques de cuisson avec du papier sulfurisé. Prélevez la farce avec une cuillère et façonnez une trentaine de boulettes. Aplatissez-les légèrement et rangez-les sur les plaques de cuisson. Badigeonnez-les d'huile d'olive et faites-les cuire dans le four à 180 °C (th. 6) pendant une vingtaine de minutes.

❐ Servez-les aussitôt avec des quartiers de citron.

CROUSTILLANTS DE CRABE

POUR 4 PERSONNES • PRÉPARATION : 30 MIN • CUISSON : 20 MIN

200 g de chair de crabe fraîche ou surgelée (pinces de tourteau) + 2 pommes acidulées (type granny-smith) + 2 carottes + 4 feuilles de brick + 20 g de gingembre frais 1 cuil. à café de curry en poudre + 1 cuil. à soupe d'huile d'arachide + 1 noix de margarine pour cuisson + Sel, poivre

Pour la sauce : 1 orange + 1 yaourt nature brassé + 1 pincée de gingembre en poudre 1 cuil. à café de sauce soja + 1 cuil. à soupe d'huile de colza

❒ Préchauffez le four à 180 °C (th. 6). Pelez les pommes et les carottes, puis taillez-les en fins bâtonnets. Pelez le gingembre et râpez-le.

❒ Chauffez la margarine dans une poêle, ajoutez les carottes et le gingembre, puis faites revenir 2 minutes. Saupoudrez de curry et ajoutez les pommes avec 2 cuillerées à soupe d'eau. Poursuivez la cuisson 5 minutes. Puis, hors du feu, incorporez le crabe et assaisonnez.

❒ Coupez chaque feuille de brick en deux. Posez une demi-feuille sur le plan de travail, bord arrondi vers le bas. Déposez un huitième de la farce au crabe sur le haut de la feuille, à 1 cm du bord droit et en longeant cette ligne droite. Refermez en formant un rouleau et pliez les extrémités. Renouvelez l'opération avec les feuilles restantes.

❒ Déposez les rouleaux sur une plaque de cuisson légèrement huilée (ou sur une feuille de papier sulfurisé). Huilez les rouleaux au pinceau et enfournez pour 10 minutes, jusqu'à ce qu'ils soient dorés.

❒ Pendant ce temps, préparez la sauce. Pressez l'orange et versez son jus dans un bol. Ajoutez le gingembre, la sauce soja, l'huile et le yaourt, puis mélangez. Servez les rouleaux croustillants accompagnés de la sauce.

ANNEAUX DE CALAMARS EN CROÛTE DE PERSILLADE

POUR 4 PERSONNES • PRÉPARATION : 20 MIN • CUISSON : 4 MIN

500 g d'anneaux d'encornets ou de calamars frais ou décongelés + 1 œuf + 1 gousse d'ail
15 feuilles de persil plat + 5 cuil. à soupe de farine de blé + 80 g de flocons d'avoine de petite taille (« baby ») + 30 cl d'huile végétale + Sel, poivre

❒ Lavez, puis séchez les calamars à l'aide d'un papier absorbant.

❒ Pelez, puis hachez finement l'ail et le persil en utilisant éventuellement un mixeur, puis mélangez avec les flocons d'avoine.

❒ Dans une assiette creuse, versez la farine, salez, poivrez et mélangez. Dans un bol, battez l'œuf à la fourchette avec 2 cuillerées à soupe d'eau, puis réservez. Passez les calamars dans la farine, puis dans l'œuf et enfin dans les flocons d'avoine aromatisés.

❒ Dans une sauteuse, chauffez l'huile, puis faites dorer les calamars à feu moyen, 2 minutes de chaque côté ; ne prolongez surtout pas la cuisson, car ils deviendraient caoutchouteux. Servez bien chaud.

ROULÉS DE HARENGS

POUR 4 PERSONNES • PRÉPARATION : 10 MIN

1 pot de filets de hareng au vinaigre + Quelques gouttes de jus de citron + 1 pomme ferme rouge ou verte + 1 petit pot de crème double

❒ Retirez la garniture oignon-cornichon des filets de hareng et gardez les bâtonnets pour fermer les filets roulés. Coupez les filets en deux dans le sens de la longueur et réservez.

❒ Préparez un fond d'eau et le jus de citron dans un bol. Brossez la pomme sous l'eau courante et coupez la chair en bâtonnets, sans l'éplucher. Puis mettez-la dans l'eau citronnée pour éviter qu'elle ne s'oxyde.

❒ Posez un petit buisson de bâtonnets de pomme dans chaque filet de hareng. Roulez et refermez. Servez avec la crème et du bon pain.

Le hareng au vinaigre, utilisé ici, tout comme le hareng saur ou fumé et séché se trouvent toute l'année. Le hareng gras ou « maatje » est encore plus riche en oméga-3 car pêché au printemps ; il a en effet pris du poids pendant tout l'hiver. On le trouve de mai à juillet. Tous sont très riches en vitamines, minéraux et protéines.

EMPANADAS

POUR 4 PERSONNES • PRÉPARATION : 20 MIN • CUISSON : 40 MIN

2 rouleaux de pâte feuilletée + 250 g de chair à saucisse + 45 g de feta + 2 œufs

- Faites cuire 1 œuf 10 minutes dans l'eau bouillante, refroidissez-le dans l'eau froide, puis écalez-le. Écrasez l'œuf dur et la feta à la fourchette, poivrez et incorporez ce mélange à la chair à saucisse en malaxant le tout.

- Préchauffez le four à 180 °C (th. 6). Découpez 4 cercles dans chaque rouleau de pâte feuilletée. Répartissez la farce sur les cercles de pâte.

- Fouettez l'œuf restant dans un bol et ajoutez-y 1 cuillerée à soupe d'eau. Badigeonnez-en le pourtour des cercles de pâte, puis repliez-les en demi-lunes. Scellez les empanadas en écrasant tout le tour de la pâte avec l'extrémité d'une fourchette sur à peine ½ cm. Badigeonnez l'extérieur des empanadas à l'œuf et déposez-les au fur et à mesure sur une plaque recouverte de papier sulfurisé.

- Enfournez pour 30 minutes environ en surveillant la cuisson.

CHOUX AU FROMAGE

POUR 4 PERSONNES • PRÉPARATION : 30 MIN • CUISSON : 30 MIN

60 g de beurre + 100 g de gruyère râpé + 4 œufs + 150 g de farine
1 pincée de muscade râpée + Sel, poivre

❒ Faites chauffer dans une casserole 20 cl d'eau avec le beurre coupé en morceaux, une pincée de sel et du poivre. Quand l'eau arrive à ébullition et que le beurre est fondu, retirez du feu, ajoutez la farine en une seule fois et mélangez à la spatule. Remettez la casserole sur feu doux et travaillez la pâte jusqu'à ce qu'elle se détache parfaitement des parois de la casserole. Laissez tiédir.

❒ Ajoutez les œufs un par un en travaillant bien la pâte à chaque fois. Incorporez en dernier le fromage râpé et la muscade.

❒ Préchauffez le four à 210 °C (th. 7). Disposez des boules de pâte de la taille d'une grosse noix sur une plaque à pâtisserie antiadhésive en les espaçant bien.

❒ Enfournez pour 25 minutes environ. Les choux doivent être bien gonflés et dorés. N'ouvrez pas le four en cours de cuisson pour éviter que la pâte ne retombe. Dégustez tiède avec une salade.

BOULETTES DE POLENTA

POUR 4 PERSONNES • PRÉPARATION : 35 MIN • CUISSON : 15 MIN

250 g de polenta « instantanée » + 125 g de parmesan râpé
1 boule de mozzarella coupée en petits morceaux + 15 olives noires dénoyautées
1 branche de romarin + 1 l d'huile de friture + Sel, poivre

❐ Faites cuire la polenta en suivant les instructions notées sur le paquet.

❐ Dès la fin de la cuisson, ajoutez le parmesan, la mozzarella et les olives noires coupées en petits morceaux, ainsi que le romarin ciselé. Salez, poivrez et mélangez. Étalez le mélange dans un plat sur 4 à 5 cm d'épaisseur.

❐ Laissez refroidir en surveillant : le mélange doit descendre à une température permettant la manipulation. S'il est trop froid, il devient trop dur pour être façonné en boulettes. Formez des boulettes de taille moyenne.

❐ Chauffez l'huile de friture et faites frire les boulettes jusqu'à ce qu'elles soient bien dorées. Déposez-les sur du papier absorbant et servez aussitôt.

PALMIERS AU PESTO

POUR 4 PERSONNES • PRÉPARATION : 15 MIN • CUISSON : 15 MIN • REPOS : 20 MIN

250 g de pâte feuilletée + 30 g de pesto vert + 10 g de parmesan + 1 jaune d'œuf

❐ Préchauffez le four à 180 °C (th. 6). Râpez le parmesan avec une râpe fine, puis mélangez-le au pesto. Étalez la pâte en un rectangle de 32 × 26 cm. Badigeonnez la pâte avec le pesto au parmesan.

❐ Roulez chaque côté de la pâte vers le centre jusqu'au milieu. Coupez des tranches de 1 cm d'épaisseur environ, puis écrasez-les légèrement de la paume de la main.

❐ Mélangez le jaune d'œuf avec 1 cuillerée à soupe d'eau. Badigeonnez les palmiers de jaune d'œuf à l'aide d'un pinceau, puis déposez-les au fur et à mesure sur une plaque recouverte de papier sulfurisé. Enfournez pour 15 minutes.

❐ Laissez refroidir les palmiers, de préférence sur une grille, avant de les déguster.

FICELLES CROUSTILLANTES

POUR 4 PERSONNES • PRÉPARATION : 10 MIN • CUISSON : 30 MIN • REPOS : 20 MIN

250 g de pâte feuilletée + 8 tranches très fines de poitrine fumée + 2 jaunes d'œufs
2 cuil. à café de graines de sésame

❒ Étalez la pâte au rouleau de manière à obtenir un rectangle de 24 × 38 cm. Puis déposez-le sur une plaque de four recouverte de papier sulfurisé.

❒ Préchauffez le four à 180 °C (th. 6). Mélangez les jaunes d'œufs avec 2 cuillerées à soupe d'eau, puis badigeonnez-en la pâte au pinceau. Découpez des bandes de pâte de 4 × 24 cm. Déposez une tranche de lard sur chaque bande.

❒ Torsadez les bandes de pâte, badigeonnez-les de jaune d'œuf et parsemez-les de graines de sésame. Enfournez pour une trentaine de minutes.

❒ Sortez les ficelles croustillantes du four et faites-les glisser sur une grille pour les laisser tiédir ou refroidir avant de les déguster.

CANAPÉS ENROULÉS

POUR 30 CANAPÉS • PRÉPARATION : 20 MIN • RÉFRIGÉRATION : 24 H

150 g de fromage frais à tartiner (type Kiri®, St Môret®...) + 100 g de chorizo en tranches sous-vide + 100 g de mortadelle en tranches sous-vide + 100 g de bresaola en tranches sous-vide + 30 tranches de pain de mie sans la croûte + 2 cuil. à café de moutarde en grains + 2 pincées de sel + 2 tours de moulin à poivre

❒ Dans un saladier, mélangez le fromage frais avec la moutarde, le sel et le poivre. Réservez. Sur une feuille de papier sulfurisé (pour éviter que le pain colle au plan de travail), et à l'aide d'un rouleau à pâtisserie, aplatissez les deux faces de chaque tranche de pain de mie sur une épaisseur de 3 mm environ.

❒ Avec un couteau, tartinez finement et délicatement le fromage frais sur toute la surface d'une tranche de pain de mie. Recouvrez avec les tranches de chorizo sans les superposer et découpez des petits morceaux supplémentaires pour combler les parties encore visibles du pain. Enroulez le pain sur lui-même et ajoutez une pointe de fromage sur la largeur de la tranche pour coller le roulé. Enveloppez de film alimentaire et conservez au réfrigérateur pendant 24 heures. Répétez la même opération avec les tranches de mortadelle et de bresaola.

❒ À l'aide d'un couteau à dents, découpez des rondelles de 1 cm de diamètre. Déposez-les dans une assiette et dégustez.

BOUCHÉES AUX HERBES ET À LA BROUSSE

POUR 18 BOUCHÉES • PRÉPARATION : 20 MIN • CUISSON : 45 MIN

1 rouleau de pâte feuilletée + 300 g de brousse de brebis + 150 g de jeunes pousses d'épinards + ½ bouquet de ciboulette + ½ bouquet de cerfeuil + 3 oignons nouveaux 3 œufs + 10 cl de crème liquide + 5 cl de lait + 50 g de gruyère râpé + 3 cuil. à soupe de farine + 1 cuil. à soupe de moutarde à l'ancienne + Sel, poivre

❒ Préchauffez le four à 180 °C (th. 6). Lavez et égouttez les épinards. Faites-les « fondre » sans matière grasse 2 minutes dans une poêle, sur feu vif. Déposez-les sur une planche et hachez-les grossièrement.

❒ Lavez les fines herbes. Égouttez-les sur du papier absorbant. Effeuillez le cerfeuil et émincez-le finement avec la ciboulette. Lavez les oignons nouveaux, coupez l'extrémité des tiges vertes et les racines, puis émincez-les.

❒ Mixez la brousse avec la moutarde, le lait et la crème. Battez les œufs et ajoutez-les à la brousse. Mélangez. Ajoutez la farine, salez, poivrez généreusement. Mélangez. Ajoutez les herbes, les oignons, les épinards et le gruyère râpé. Remuez une dernière fois.

❒ Déroulez la pâte dans un plat à tarte. Piquez avec une fourchette. Versez la crème sur la pâte. Faites cuire 40 minutes. Démoulez et, à l'aide d'un emporte-pièce, formez des cercles ou des triangles.

BOUCHÉES FROMAGE AUX ÉPICES

POUR 12 BOUCHÉES • PRÉPARATION : 15 MIN • CUISSON : 15 MIN

250 g de brousse de brebis + 150 g de comté + 150 g de farine + 1 œuf + 3 cuil. à soupe de chapelure + 2 cuil. à soupe de graines de pavot + 2 cuil. à soupe de graines de sésame 2 cuil. à soupe de graines de cumin + Huile pour friture

❒ Déposez les graines dans trois bols différents avec 1 cuillerée à soupe de chapelure. Versez la farine dans une assiette creuse et battez l'œuf en omelette dans une autre.

❒ Coupez le comté en cubes de 1,5 cm environ. Écrasez la brousse à la fourchette. Prenez l'équivalent d'une noix de brousse dans le creux de la main, ajoutez un cube de comté et roulez doucement entre les deux paumes afin d'obtenir une boule. Déposez-la dans l'assiette de farine. Roulez-la dans la farine. Trempez-la dans l'œuf puis roulez-la dans l'un des 3 bols d'épices. Posez-la sur un plat. Recommencez jusqu'à épuisement du fromage.

❒ Faites chauffer l'huile et, dès qu'elle est chaude, plongez 4 à 5 boules.

Laissez-les dorer 3 à 4 minutes. À l'aide d'une écumoire, égouttez-les avant de les poser sur du papier absorbant. Faites de même avec les autres boules.

❒ Vous pouvez remplacer la brousse par un fromage plus fort en goût.

ONION RINGS

POUR 4 PERSONNES • PRÉPARATION : 10 MIN • CUISSON : 4 MIN

2 gros oignons paille + 30 cl de lait ribot (dit aussi lait fermenté ou leben, au rayon lait frais du supermarché) + 6 cuil. à soupe bombées de farine de blé + ½ cuil. à café de paprika
20 cl d'huile végétale + Sel, poivre

❒ Dans une assiette creuse, mélangez la farine, le paprika, 3 pincées de sel et quelques tours de moulin à poivre.

❒ Épluchez les oignons, coupez-les en rondelles et détachez les anneaux en veillant à ne pas les briser. Passez-les dans la farine assaisonnée puis dans le lait ribot. Renouvelez cette opération afin d'obtenir une double couche de panure qui permettra aux onions rings d'être très croustillants.

❒ Dans une grande sauteuse, chauffez l'huile, puis faites dorer les oignons rings à feu moyen pendant 4 minutes, en veillant à ne pas en faire cuire trop à la fois pour éviter que la température de cuisson ne soit trop basse. Égouttez-les sur du papier absorbant et servez aussitôt.

Les oignons doux des Cévennes et les oignons rosés de Roscoff, tendres et sucrés, conviennent particulièrement bien à cette recette.

ROULEAUX AU POIVRON

POUR 10 ROULEAUX • PRÉPARATION : 20 MIN • CUISSON : 1 H • REPOS : 3 H
RÉFRIGÉRATION : 3 H

100 g de beurre fondu + 40 g de gruyère râpé + 40 g de parmesan râpé + 2 gros poivrons rouges + 10 feuilles de basilic + 1 gousse d'ail + 10 tranches de pain de mie sans croûte
2 cuil. à soupe de mayonnaise + 3 gouttes de Tabasco® + 2 cuil. à café d'origan séché
½ cuil. à café de piment d'Espelette + Sel, poivre

❒ Préchauffez le four à 180 °C (th. 6). Lavez, séchez et ciselez finement le basilic. Épluchez et hachez l'ail. Rincez, essuyez et coupez les poivrons en deux, puis ôtez le pédoncule et les graines. Posez les poivrons, face bombée sur le dessus, sur une plaque et enfournez 40 minutes. Sortez la plaque du four, enfermez les poivrons dans un sac plastique et, lorsque celui-ci est froid, décollez la peau. Hachez la chair au couteau.

❒ Dans un saladier, mélangez la chair des poivrons, les fromages, la mayonnaise, le basilic, l'origan, l'ail, le Tabasco®, le piment d'Espelette, le sel et le poivre. À l'aide d'un rouleau à pâtisserie, aplatissez les tranches de pain de mie sur 3 mm d'épaisseur puis, avec un pinceau, badigeonnez de beurre fondu les deux faces du pain. Étalez la préparation aux poivrons et lissez sur toute la surface, en vous arrêtant à 1 cm du bord. Enroulez les tranches de pain sur elles-mêmes et maintenez-les avec des piques en bois. Conservez au frais pendant 3 heures.

❒ Posez les rouleaux sur une plaque à pâtisserie recouverte de papier sulfurisé, puis enfournez pour 20 minutes dans un four préchauffé à 180 °C (th. 6). Retournez-les à mi-cuisson pour qu'ils soient dorés sur les deux faces.

❒ À l'aide d'un couteau-scie, découpez les extrémités des rouleaux pour leur donner de la stabilité, puis taillez trois morceaux de taille égale en biseau. Dressez les rouleaux sur une assiette et dégustez chaud.

MUG CAKE THON, TAPENADE, TOMATE ET CÂPRES

POUR 1 MUG CAKE • PRÉPARATION : 6 MIN • CUISSON : 1 MIN 30 + 1 MIN

REPOS : 5 MIN

1 œuf + 2 cuil. à soupe de lait + 1 grosse cuil. à soupe d'emmental râpé + 2 cuil. à soupe de rillettes de thon + 2 cuil. à soupe de miettes de thon (en conserve) + 1 cuil. à soupe de tapenade + 1 cuil. à café de câpres + 2 cuil. à soupe de pulpe de tomate + 1 petit pain suédois au blé complet + 3 cuil. à soupe de farine + ¼ cuil. à café de levure chimique
1 cuil. à soupe d'huile d'olive + 1 tour de moulin à poivre

❒ Écrasez le pain suédois pour en faire une sorte de chapelure, réservez. Dans un mug, cassez l'œuf et battez-le à la fourchette avec le lait.

❒ Incorporez la farine et la levure, puis l'huile d'olive. Ajoutez les rillettes de thon, la tapenade et la pulpe de tomate, mélangez. Poivrez et remuez. Versez les câpres, les miettes de thon et l'emmental râpé, donnez deux à trois tours de cuillère.

❒ Placez le mug dans le four à micro-ondes et faites cuire 1 min 30. Sortez le mug et saupoudrez la chapelure au-dessus du cake. Remettez au four pour 1 minute.

❒ Attendez quelques minutes que la cuisson se poursuive et que le mug cake refroidisse. Accompagnez-le d'une petite salade.

Pour donner un peu de croquant au mug cake, vous pouvez ajouter 1 cuillerée à soupe de graines de sésame.

PETITS CAKES À LA COURGETTE ET AU CHÈVRE

POUR 6 PERSONNES • PRÉPARATION : 20 MIN • CUISSON : 15 MIN

1 courgette + 5 morceaux de tomates séchées + 5 tiges de basilic + 100 g de farine d'épeautre complète + 50 g de farine blanche de riz + 1 sachet de levure alsacienne 2 œufs + 4 cl d'huile d'olive + 2 petits-suisses 0 % MG + 100 g de chèvre frais 2 cuil. à café de graines de pavot + Sel, poivre

❐ Préchauffez le four à 180 °C (th. 6). Lavez la courgette, râpez-la grossièrement. Éliminez le surplus d'eau. Émincez les tomates séchées. Rincez le basilic, effeuillez-le et hachez-le.

❐ Mélangez les farines d'épeautre et de riz, la levure, du sel et du poivre. Ajoutez les œufs, l'huile d'olive et les petits-suisses. Mélangez, puis incorporez la courgette râpée et les tomates séchées. Ajoutez en dernier, sans trop remuer, le chèvre coupé en petits morceaux.

❐ Versez dans 6 petits moules à cake en carton ou en silicone.

❐ Saupoudrez de graines de pavot et faites cuire 15 minutes au four. Dégustez tiède ou froid, découpé en tranches.

CAKE VEGAN AUX LÉGUMES D'ÉTÉ

POUR 6 PERSONNES • PRÉPARATION : 10 MIN • CUISSON : 50 MIN À 1 H

200 ml de crème de soja, d'avoine ou d'amande + 100 ml de lait de soja, d'avoine ou d'amande + 50 g d'huile d'olive + un peu pour le moule + 1 cuil. à soupe de vinaigre de cidre ou de jus de citron jaune + 180 g de farine de blé T80 + 2 cuil. à café de poudre levante + 1 cuil. à café de bicarbonate alimentaire + 1 cuil. à café rase de sel + 1 courgette 1 tomate + 1 quinzaine d'olives noires

❒ Dans un saladier, mélangez la crème, le lait, l'huile et le vinaigre ou le jus de citron.

❒ Ajoutez la farine, la poudre levante, le bicarbonate et le sel, puis mélangez vivement au fouet.

❒ Lavez la courgette et la tomate et détaillez-les en petits dés. Incorporez les légumes ainsi que les olives à la préparation.

❒ Préchauffez le four à 180 °C (th. 6). Huilez un moule à cake et versez-y la pâte.

❒ Enfournez pour 50 minutes à 1 heure. Laissez refroidir avant de démouler.

CAKE SARRASIN, TOMATES SÉCHÉES, CIBOULETTE

POUR 6 PERSONNES • PRÉPARATION : 15 MIN • CUISSON : 35 MIN

200 g de farine de sarrasin + 3 œufs + 1 pot de tomates séchées
20 brins de ciboulette + 100 g de fromage de chèvre frais + 50 g de noisettes
15 cl de lait de noisette non sucré + 1 sachet de levure + Sel, poivre

❒ Préchauffez le four à 180 °C (th. 6). Dans un saladier, battez les œufs avec le lait de noisette, salez et poivrez.

❒ Coupez les tomates séchées en petits morceaux. Ajoutez-les à la préparation avec 4 cuillerées à soupe de l'huile des tomates et le chèvre frais.

❒ Dans un autre saladier, mélangez la farine de sarrasin avec la levure, les noisettes concassées et la ciboulette ciselée.

❒ Mélangez brièvement les deux préparations, versez dans un moule à cake antiadhésif ou chemisé de papier sulfurisé. Enfournez pour 35 minutes.

MINI-PIZZAS JAMBON-ARTICHAUT

POUR 4 PERSONNES • PRÉPARATION : 10 MIN • CUISSON : 10 À 15 MIN

150 g de pâte à pizza + 1 boule de mozzarella coupée en tranches très fines
2 très fines tranches de jambon cru + 4 cœurs d'artichaut au naturel coupés en deux
Un peu de farine + Huile d'olive + Feuilles de basilic + Poivre

❒ Préchauffez le four à 210 °C (th. 7). Étalez finement la pâte sur une plaque recouverte d'une feuille de papier sulfurisé farinée. Découpez-la en disques de 8 cm environ avec un emporte-pièce ou un bol.

❒ Déposez, sur chaque disque de pâte, une tranche de mozzarella, un morceau de jambon déchiré et un demi-cœur d'artichaut.

❒ Poivrez et versez un filet d'huile d'olive. Enfournez pour 10 à 15 minutes. Parsemez de feuilles de basilic avant de servir.

Jambon cru, jambon fumé, jambon cuit, à vous de choisir !

MINI-QUICHES AU CHÈVRE

POUR 4 PERSONNES • PRÉPARATION : 10 MIN • CUISSON : 20 MIN

2 rouleaux de pâte feuilletée + 1 œuf + 90 g de crème fraîche épaisse + 30 g de fromage de chèvre émietté + 8 rondelles de bûche de chèvre de ½ cm environ + 1 branche de thym effeuillée + Un peu de beurre + Un peu de farine

❒ Préchauffez le four à 160 °C (th. 5-6). Beurrez et farinez 8 mini-moules à quiches. Garnissez-les de pâte feuilletée.

❒ Mélangez l'œuf, la crème, le thym et le fromage émietté dans un saladier.

❒ Répartissez le mélange dans les moules.

❒ Déposez une rondelle de bûche par-dessus et enfournez pour 20 minutes.

Testez différents fromages de chèvre pour varier les plaisirs !

QUICHE AU THON ET AUX TOMATES

POUR 4 PERSONNES • PRÉPARATION : 35 MIN • CUISSON : 35 MIN

120 g de thon au naturel + 3 tomates + 250 g de farine + 120 g de beurre ou de margarine
1 œuf + 1 verre de lait + 1 cuil. à soupe de moutarde forte + Sel, poivre

❒ Mélangez la farine et le beurre (ou la margarine) coupé en petits morceaux pour obtenir un mélange sableux. Ajoutez une pincée de sel, ½ verre d'eau et formez une boule. Couvrez de film étirable et placez au frais.

❒ Préchauffez le four à 180 °C (th. 6). Lavez les tomates, puis coupez-les en fines tranches en éliminant le jus et les graines. Égouttez le thon, émiettez-le. Battez l'œuf et le lait dans un bol, salez, poivrez et mélangez.

❒ Étalez la pâte pas trop finement, puis garnissez-en un moule de 24 cm de diamètre. Piquez la pâte à l'aide d'une fourchette. Badigeonnez-la de moutarde, puis disposez les tomates par-dessus. Ajoutez le thon, salez légèrement et poivrez.

❒ Nappez du mélange lait-œuf et faites cuire 35 minutes au four. Dégustez chaud ou froid avec une salade.

PETITES TARTES TOMATES ET OIGNONS

POUR 12 TARTELETTES • PRÉPARATION : 45 MIN • CUISSON : 1 H 30 À 1 H 40

1 rouleau de pâte feuilletée + 12 petites tomates bien mûres (ou 36 tomates cerises) 20 feuilles de basilic + 3 oignons rouges + 3 gousses d'ail + 125 g de coulis ou purée de tomates + 1 cuil. à café de sucre en poudre + 8 cuil. à soupe d'huile d'olive + 1 filet 2 pincées de sel + 2 tours de moulin à poivre

❒ Préchauffez le four à 180 °C (th. 6). Pelez et hachez l'ail. Épluchez et détaillez les oignons rouges en rondelles. Coupez les tomates en deux (sauf les tomates cerises). Disposez-les dans un grand plat, face bombée vers le haut, puis versez 4 cuillerées à soupe d'huile d'olive, le sucre, le sel et le poivre. Enfournez pour 40 minutes (25 minutes pour les tomates cerises).

❒ Dans une poêle, faites chauffer le reste d'huile, ajoutez les oignons, l'ail et les deux tiers du basilic. Faites cuire à feu doux 30 minutes environ, en remuant, jusqu'à ce que les oignons soient confits.

À l'aide d'un verre, découpez des ronds de 7 à 7,5 cm de diamètre dans la pâte feuilletée, puis posez-les sur une plaque à pâtisserie recouverte de papier sulfurisé. Avec une petite cuillère, étalez un peu de purée de tomates sur les disques de pâte, recouvrez avec la compotée d'oignons et déposez 2 moitiés de tomates rôties. Salez et poivrez légèrement selon votre goût.

❒ Enfournez pour 20 à 30 minutes, jusqu'à ce que la pâte feuilletée soit dorée. Décorez chaque tartelette d'une pincée de basilic et d'un filet d'huile d'olive. Dégustez froid ou chaud.

TARTE SOLEIL AUX DEUX TAPENADES

POUR 6 PERSONNES • PRÉPARATION : 20 MIN • CUISSON : 30 MIN
RÉFRIGÉRATION : 30 MIN

2 rouleaux de pâte feuilletée + 2 pots de 80 g de tapenade (1 pot de noire et 1 pot de verte) + 20 g de fromage râpé + 1 jaune d'œuf + 1 cuil. à café de farine

❒ Dans un petit bol, mélangez le jaune d'œuf avec 1 cuillerée à soupe d'eau ; réservez. Versez la farine dans une soucoupe, posez un verre à l'envers dans la farine pour en fariner les bords.

❒ Conservez une pâte feuilletée sur son papier sulfurisé d'emballage, déroulez-la sur une plaque à pâtisserie. Étalez la garniture de tapenade verte sur une moitié de la pâte et la tapenade noire sur l'autre moitié en vous arrêtant à 2 cm du bord de la pâte. Répartissez le fromage râpé sur l'ensemble de la tarte. Avec un pinceau, humectez avec un peu d'eau les bords extérieurs de la pâte. Recouvrez avec la seconde pâte, pressez les bords extérieurs pour les souder. Avec un pinceau, badigeonnez la tarte avec le jaune d'œuf. Posez le verre au centre de la tarte, délicatement, pour que la pâte ne se déchire pas. Conservez au réfrigérateur 30 minutes.

❒ Préchauffez le four à 200 °C (th. 7-8). En commençant du bord du verre, coupez perpendiculairement la tarte en 4 grandes parts. Redécoupez chaque quart en 6 parts égales. Au total, 24 rayons représenteront 24 parts. Procédez rapidement pour faciliter l'étape suivante qui consiste à torsader chaque part sur elle-même. Faites 4 à 5 tours. Partez du centre, en faisant attention de ne pas casser les torsades. Enfournez 30 minutes. Placez délicatement la tarte soleil sur un joli plat et dégustez chaud.

TARTELETTES AU PESTO DE PISTACHES

POUR 6 PERSONNES • PRÉPARATION : 40 MIN • REPOS : 8 H • CUISSON : 20 MIN

Pour la pâte : 250 g de farine de blé + 5 cl d'huile de pistache + 1 filet d'huile d'olive
12 g de levure fraîche (chez le boulanger) + 1 cuil. à café de sel + 1 pincée de fleur de sel

Pour le pesto : 1 beau bouquet de basilic + 50 g de pistaches non salées + 30 g de parmesan râpé + 12 cl d'huile d'olive + 1 gousse d'ail + Sel, poivre

❐ Préparez la pâte : émiettez la levure dans un petit bol rempli de 15 cl d'eau tiède. Laissez reposer 10 minutes, puis ajoutez l'huile de pistache. Dans le bol d'un robot, pétrissez cette préparation avec la farine pendant 15 minutes. Ajoutez le sel, laissez reposer 5 minutes, puis pétrissez de nouveau 10 minutes. Recouvrez le bol d'un linge propre, réservez 6 heures au réfrigérateur.

❐ Au bout de ce temps, sortez la pâte et étalez-la au rouleau à pâtisserie en un rectangle de 5 mm d'épaisseur. Coupez des lanières de pâte de 5 cm environ de largeur. Laissez lever encore 2 heures sous un linge propre dans une pièce tempérée (à l'abri des courants d'air).

❐ Préparez le pesto : mixez le basilic effeuillé, les pistaches décortiquées, le parmesan râpé, l'huile d'olive, la gousse d'ail pelée et dégermée, du sel et du poivre.

❐ Préchauffez le four à 180 °C (th. 6). Nappez chaque bande de pâte de pesto, puis roulez-la sur elle-même. Disposez les petits rouleaux ainsi obtenus dans un moule à manqué de 22 cm de diamètre en les serrant bien les uns contre les autres. Arrosez d'un filet d'huile d'olive et parsemez de fleur de sel.

❐ Enfournez pour 20 minutes ou jusqu'à ce que la focaccia soit bien dorée.

TARTELETTES FLEURS

POUR 8 PERSONNES • PRÉPARATION : 20 MIN • CUISSON : 30 MIN

1 rouleau de pâte feuilletée + 60 g de gruyère râpé + 1 petite courgette + 1 betterave
1 carotte + 1 filet d'huile d'olive + Sel, poivre

❒ Lavez et séchez la courgette, coupez 4 fines tranches dans la longueur. Plongez-les 1 minute dans l'eau bouillante, puis passez-les sous l'eau froide, séchez-les complètement et réservez. Épluchez la carotte et la betterave et, avec un économe, réalisez de fines lanières. Préchauffez le four à 190 °C (th. 7-8).

❒ Enlevez la pâte feuilletée de son papier sulfurisé, répartissez le gruyère râpé sur le papier, reposez la pâte feuilletée par-dessus et appuyez sur toute la surface pour faire adhérer le fromage à la pâte. Coupez des bandes de pâte larges de 2,5 cm environ. Travaillez bande par bande : posez les lanières des légumes à cheval sur le bord de chaque bande de pâte en laissant l'autre moitié de la bande libre, repliez cette moitié libre en portefeuille sur la base du légume. Roulez délicatement à la façon d'un escargot. Posez chaque fleur de légume dans l'alvéole d'un moule à muffins et enfournez pour 30 minutes. Démoulez délicatement, versez un filet d'huile d'olive, salez et poivrez légèrement. Dégustez tiède, en bouchées à l'apéritif.

TARTELETTES HERBES ET FROMAGES

POUR 10 TARTELETTES (DE 10 CM DE Ø) • PRÉPARATION : 30 MIN

CUISSON : 15 À 20 MIN • RÉFRIGÉRATION : 1 H

2 rouleaux de pâte brisée + 200 g de fromage de chèvre frais + 100 g de fromage frais de brebis + 2 œufs + 2 jaunes + 180 g de lait + 180 g de crème fraîche + 50 g de mélange d'herbes fraîches + 30 g de pousses germées + Sel, poivre

❒ À l'aide d'un emporte-pièce, découpez des ronds de pâte à la dimension des moules à tartelette ou du moule à tarte. Pressez légèrement et ôtez l'excédent de pâte avec un couteau. Conservez au réfrigérateur. Préchauffez le four à 180 °C (th. 6). Lavez, séchez et hachez les herbes dans le bol d'un robot (queues et feuilles).

❒ Dans un saladier, mélangez les œufs, le lait et la crème. Salez, poivrez, puis incorporez les herbes. Émiettez les fromages dans la préparation. Remplissez les tartes de la préparation aux œufs. Enfournez pour 15 à 20 minutes. Sortez les tartelettes de leur moule. Présentez-les sur un plat de service et décorez avec des pousses germées.

TARTE TOURNESOL

POUR 6 PERSONNES • PRÉPARATION : 40 MIN • CUISSON : 35 MIN

Pour la pâte : 500 g de farine + 20 cl de vin blanc + 9 cl d'huile d'olive
2 cuil. à soupe de graines de tournesol + 1 cuil. à café de sel

Pour la farce : 300 g de pousses d'épinards + 300 g de ricotta + 50 g de tomme de brebis
1 œuf + 2 gousses d'ail ou 8 tiges d'ail des ours (ail frais) + 2 cuil. à soupe de chapelure
1 cuil. à soupe d'huile d'olive + Sel, poivre

Pour la dorure : 1 jaune d'œuf

❐ Mélangez dans le bol d'un robot la farine, le vin blanc, l'huile d'olive et les graines de tournesol. Salez et mélangez jusqu'à l'obtention d'une boule de pâte homogène. Divisez la pâte en 2 boules de poids égal. Étalez chaque boule de pâte entre 2 feuilles de papier sulfurisé. Réservez au réfrigérateur.

❐ Préchauffez le four à 180 °C (th. 6). Pelez et dégermez l'ail, émincez-le. Faites chauffer l'huile d'olive dans une sauteuse, ajoutez les pousses d'épinards hachées et l'ail, salez, poivrez et laissez fondre 2 minutes à feu vif.

❐ Dans un saladier, mélangez les épinards avec la ricotta, l'œuf battu et la tomme de brebis râpée. Salez et poivrez.

❐ Déposez une abaisse de pâte sur une plaque tapissée de papier sulfurisé et parsemez-la de chapelure. Mettez une boule de farce aux épinards au centre de la pâte. Disposez le reste de la farce en forme d'anneau sur les pourtours de la pâte. Recouvrez du second disque de pâte. Soudez les bords des 2 disques de pâte à l'aide d'une fourchette. Placez un petit bol au centre de la pâte (recouvrant la boule de farce) et piquez-en le tour avec une fourchette. Découpez 20 parts en partant du bol jusqu'aux bords de la pâte. Décalez chaque part obtenue d'un quart de tour pour former les pétales du tournesol. Dorez la pâte avec le jaune d'œuf à l'aide d'un pinceau, puis enfournez 30 minutes. Servez tiède ou à température ambiante.

PIZZA CAKE

POUR 6 PERSONNES • PRÉPARATION : 40 MIN • CUISSON : 30 MIN

1 pain de 20 cm de diamètre

Pour la garniture : 200 g de sauce tomate cuisinée + 2 boules de mozzarella
150 g d'emmental râpé + 1 tranche de jambon + 10 champignons de Paris + un peu pour le décor + 1 cuil. à café d'origan + Quelques olives noires + Quelques feuilles de roquette

❒ Préchauffez le four à 180 °C (th. 6). Retirez la partie bombée du pain. Avec un couteau pointu, coupez la mie verticalement au plus près de la croûte. Coupez aussi la croûte du dessous afin d'évider le pain et réservez l'ensemble. Coupez le cylindre de mie en 4 ou 5 tranches. Placez 3 tranches sur une plaque de cuisson et toastez-les au four pendant 10 minutes. Vous n'aurez pas besoin des deux autres, les garnitures vont prendre leur place.

❒ Coupez le jambon en morceaux. Nettoyez et coupez les champignons en lamelles. Égouttez et coupez la mozzarella en tranches.

❒ Replacez le fond et le contour évidé du pain sur une plaque de cuisson recouverte de papier sulfurisé. Étalez dedans une couche de sauce tomate, répartissez un tiers du jambon, des champignons, de la mozzarella et de l'emmental. Saupoudrez d'origan, puis placez une tranche de pain et recommencez jusqu'à remplir le pain.

❒ Mettez le pizza cake 20 minutes au four, puis 2 minutes sous le gril. Décorez de quelques olives noires, de lamelles de champignons crus et de roquette. Servez aussitôt accompagné de salade.

SANDWICH CAKE PRINTANIER

POUR 6 PERSONNES • PRÉPARATION : 1 H • CUISSON : 3 MIN
RÉFRIGÉRATION : 30 MIN • REPOS : 30 MIN

8 tranches carrées de pain de mie aux céréales (du commerce)

Pour la garniture : 2 blancs de poulet rôti + 4 pétales de tomates séchées + 150 g de fromage aux herbes + ½ courgette + 2 cuil. à soupe d'huile d'olive + 1 cuil. à soupe de vinaigre balsamique + Sel

Pour le glaçage et la décoration : 100 g de fromage frais à tartiner + 1 courgette 6 radis ronds + 10 brins de ciboulette

❒ Lavez les courgettes, coupez la demi-courgette en rondelles, placez-les dans un plat, arrosez-les d'huile d'olive, de vinaigre balsamique, salez et laissez reposer 30 minutes. Enlevez les extrémités de l'autre courgette puis coupez-la en deux. Taillez des bandes fines à l'aide d'une mandoline. Mettez une casserole d'eau salée à bouillir puis plongez-y les lamelles de courgette 1 minute. Attention, elles ne doivent pas trop cuire, égouttez-les. Coupez les tomates séchées en morceaux et les blancs de poulet en tranches.

❒ Placez 2 tranches de pain de mie sur un plat, étalez une couche régulière de fromage aux herbes. Puis déposez du poulet, des rondelles de courgette et de la tomate séchée. Superposez ainsi 3 épaisseurs de pain-poulet-courgette et terminez par une quatrième épaisseur de pain de mie. Lissez la surface avec du fromage frais et étalez une fine couche sur les côtés du sandwich cake.

❒ Placez tout autour des lamelles de courgette coupées à la hauteur du sandwich cake. Placez au frais 30 minutes.

❒ Au moment de servir, décorez de rondelles de radis et de ciboulette ciselée.

SANDWICH CAKE NORDIQUE

POUR 8 PERSONNES • PRÉPARATION : 50 MIN • RÉFRIGÉRATION : 30 MIN

5 pains suédois ronds (du commerce)

Pour la garniture : 6 tranches de saumon fumé + 100 g de fromage blanc + 5 Carré frais®
½ concombre + 1 cuil. à café d'aneth ciselé 1 cuil. à café de jus de citron + Sel

Pour le glaçage et la décoration : 200 g de fromage frais type Philadelphia®
30 g de crème liquide + 10 tomates cerises de couleurs diverses
3 radis ronds + 1 botte de ciboulette + Quelques feuilles de basilic

❒ Mélangez le fromage blanc avec les Carré frais®, ajoutez l'aneth, le citron, salez légèrement. Coupez le concombre en fines tranches à la mandoline.

❒ Placez 1 pain suédois sur une assiette, étalez une fine couche du mélange fromage blanc et Carré frais® puis couvrez-les de tranches de concombre. Positionnez un autre pain suédois tartiné de fromage au-dessus et recouvrez-le de saumon fumé. Alternez les différentes couches et terminez par 1 pain.

❒ Fouettez le Philadelphia® et la crème. Lorsque le mélange est homogène et onctueux, recouvrez-en le sandwich cake à l'aide d'une spatule. Coupez la ciboulette en différentes tailles puis placez les brins tout autour. Décorez de tomates cerises, coupées endeux ou quatre, de rondelles de radis, de ciboulette ciselée et de petites feuilles de basilic. Réservez au frais 30 minutes avant de servir.

PAIN SURPRISE

POUR 4 PERSONNES • PRÉPARATION : 20 MIN

1 gros pain de campagne en boule + 30 tranches très fines de mortadelle
250 g de ricotta + 100 g de pesto

❒ Coupez le pain horizontalement en tranches de 8 mm environ : utilisez un couteau à longue lame crantée.

❒ Commencez à garnir le pain par le bas. Sur la première tranche, étalez une fine couche de ricotta, puis une fine couche de pesto. Pliez 6 tranches de mortadelle en quatre et déposez-les en rosace sur cette tranche. Posez une tranche de pain par-dessus, celle-ci ne sera pas garnie pour permettre de refermer le premier étage de sandwich.

❒ Continuez ainsi : une tranche garnie, une tranche non garnie jusqu'au chapeau du pain. Coupez alors le pain en 8 parts, chacun pourra ainsi se servir des petits sandwichs qui le composent.

PAIN À PARTAGER

POUR 4 PERSONNES • PRÉPARATION : 15 MIN • CUISSON : 15 À 20 MIN

1 pain de campagne en boule de 300 g + 250 g de mozzarella
90 g de pesto vert + 1 petit bouquet de basilic

❒ Entaillez le pain dans un sens, environ tous les centimètres et demi en coupant presque jusqu'au fond : attention, il ne faut pas le couper en tranches. Puis tournez le pain d'un quart de tour et recommencez de manière à découper le pain en petits carrés.

❒ Préchauffez le four à 180 °C (th. 6). Coupez la mozzarella en très fines tranches et déposez-les sur du papier absorbant. Fourrez le pain dans un sens avec le pesto d'abord, puis dans l'autre avec la mozzarella. Pour cela, écartez les rangées de pain et glissez chaque garniture dans les fentes.

❒ Déposez le pain sur une plaque recouverte de papier cuisson et enfournez pour 15 à 20 minutes.

❒ Sortez le pain du four, faites-le glisser sur un plat et décorez-le de feuilles de basilic. Servez aussitot : chacun pourra tirer des carrés de pain imprégnés de pesto et de mozzarella.

MUFFINS BACON, POTIRON, AVOINE

POUR 6 MUFFINS • PRÉPARATION : 15 MIN • CUISSON : 30 MIN

140 g de potiron + 100 g de bacon en allumettes + 50 g de flocons d'avoine
50 g de farine de maïs + 10 cl de lait végétal + 2 œufs + 1 sachet de levure
1 cuil. à café d'origan + Sel, poivre

❒ Pelez, épépinez et coupez le potiron en cubes.

❒ Dans une poêle, faites dorer le bacon, ajoutez les cubes de potiron, couvrez et laissez cuire à feu doux 5 minutes.

❒ Préchauffez le four à 180 °C (th. 6). Dans un saladier, battez les œufs, ajoutez le lait, l'origan, salez et poivrez.

❒ Dans un second saladier, versez la farine, les flocons d'avoine et la levure. Ajoutez le bacon et le potiron cuits, mélangez. Ajoutez la préparation liquide et incorporez sans trop mélanger.

❒ Placez 6 caissettes dans des moules à muffins et remplissez-les avec la préparation. Enfournez pour 25 minutes.

MUFFINS DE QUINOA-COURGETTE ET FETA MARINÉE

PRÉPARATION : 10 MIN • CUISSON : 40 MIN ENVIRON

200 g de quinoa + 1 courgette + 100 g de feta émiettée + un peu pour la garniture
2œufs + 1 cuil. à soupe d'huile d'olive + un peu pour les moules
1 cuil. à café de zaatar + 1 pincée de piment d'Espelette + Sel, poivre

❒ Préchauffez le four à 180 °C (th. 6). Rincez et faites cuire le quinoa en suivant les instructions sur l'emballage.

❒ Mettez la feta émiettée dans un petit bol et versez l'huile d'olive, parsemez de zaatar. Râpez la courgette et égrenez le quinoa.

❒ Mélangez dans un bol le quinoa, la courgette râpée, la feta marinée, le piment d'Espelette et les œufs. Assaisonnez et transférez le mélange dans des moules à muffins huilés.

❒ Enfournez pour une trentaine de minutes. Parsemez de feta émiettée et servez !

MINI-GÂTEAUX DE CÉLERI-RAVE ET TAPENADE NOIRE

POUR 8 MUFFINS • PRÉPARATION : 20 MIN • CUISSON : 40 MIN

400 g de céleri-rave + 200 g de pommes de terre + 2 œufs + 2 cuil. à soupe d'huile d'olive
50 g de farine 5 céréales + 3 cuil. à soupe de tapenade noire
¾ de cuil. à café de sel marin + 4 tours de moulin à poivre + 5 cl de lait
Un peu de beurre et de farine pour les moules

❐ Dans un grand saladier, fouettez les œufs avec l'huile d'olive. Ajoutez la farine, la tapenade, le sel et le poivre. Mélangez bien jusqu'à l'obtention d'une pâte homogène. Délayez avec le lait petit à petit pour obtenir une pâte sans grumeaux.

❐ Préchauffez le four à 190 °C (th. 6-7). Épluchez le céleri-rave et coupez-le en quatre. À l'aide d'une mandoline ou d'un couteau bien aiguisé, tranchez les quartiers de céleri dans la hauteur en lamelles de 2 mm d'épaisseur. Déposez les lamelles au fur et à mesure dans la pâte et remuez délicatement.

❐ Épluchez les pommes de terre. À l'aide d'une mandoline ou d'un couteau bien aiguisé, tranchez-les en rondelles de 2 mm d'épaisseur et ajoutez-les aux lamelles de céleri dans la pâte.

❐ Beurrez et farinez les moules à muffins. Versez la pâte dans les moules, tassez et lissez avec le dos d'une cuillère. Enfournez pour 40 minutes. Vérifiez la cuisson avec la pointe d'un couteau : si elle s'enfonce facilement, les légumes sont assez tendres. Dégustez les muffins tièdes ou laissez-les refroidir à température ambiante, puis conservez-les au frais jusqu'au moment de servir.

PETITS GÂTEAUX DE PATATE DOUCE ET CHAMPIGNONS

POUR 6 PERSONNES • PRÉPARATION : 25 MIN • CUISSON : 1 H

400 g de patate douce + 400 g de champignons de Paris + ½ botte de persil frisé ou plat
3 gousses d'ail + 3 œufs + 5 cl d'huile d'olive + 75 g de farine de blé T80 (ou T65)
1 cuil. à café de sel marin + 8 tours de moulin à poivre + 10 cl de lait (ou de lait d'amande)

❒ Lavez et effeuillez le persil. Pelez les gousses d'ail et retirez les germes. Hachez finement le persil et l'ail ensemble.

❒ Dans un grand saladier, fouettez les œufs avec l'huile d'olive. Ajoutez la farine, la persillade, le sel et le poivre. Mélangez jusqu'à l'obtention d'une pâte homogène. Délayez avec le lait petit à petit pour obtenir une pâte sans grumeaux.

❒ Préchauffez le four à 190 °C (th. 6-7). Pelez la patate douce. À l'aide d'une mandoline, tranchez-la en rondelles de 2 mm d'épaisseur. Déposez les rondelles au fur et à mesure dans la pâte en remuant. Coupez les champignons en fines lamelles et déposez-les dans la pâte avec les rondelles de patate douce. Remuez de manière que la pâte enrobe bien toutes les tranches de légumes.

❒ Chemisez un moule carré de 20 cm de côté de papier sulfurisé. Versez la préparation dans le moule, tassez et lissez avec le dos d'une cuillère. Enfournez 1 heure. Vérifiez la cuisson avec la pointe d'un couteau : si elle s'enfonce facilement, les légumes sont assez tendres. Lorsque le gâteau est refroidi, démoulez-le et découpez de petits cubes.

GÂTEAUX DE POMMES DE TERRE

POUR 6 PERSONNES • PRÉPARATION : 30 MIN ENVIRON

CUISSON : 30 MIN + 20 MIN ENVIRON

8 œufs + 6 pommes de terre à chair ferme, assez grosses + 3 oignons
5 cuil. à soupe d'huile d'olive + Sel, poivre

❒ Lavez les pommes de terre et faites-les cuire à l'eau bouillante salée pendant 25 minutes environ. Égouttez-les, laissez-les refroidir, pelez-les et coupez-les en rondelles de 1 cm d'épaisseur environ. Pelez et émincez les oignons. Cassez les œufs dans un saladier, salez et poivrez. Battez-les en omelette.

❒ Faites chauffer 4 cuillerées à soupe d'huile dans une grande poêle à fond épais. Ajoutez les oignons et faites-les revenir en remuant 3 minutes. Ajoutez ensuite les rondelles de pommes de terre et mélangez en remuant délicatement 3 minutes. Versez les œufs dessus et faites cuire sur feu modéré pendant 10 à 12 minutes, en remuant la poêle d'avant en arrière, jusqu'à ce que le fond soit pris. Faites glisser l'omelette sur une grande assiette plate, posez une autre assiette dessus et retournez le tout. Glissez à nouveau l'omelette retournée dans la poêle, où vous aurez entre-temps fait chauffer le reste d'huile. Poursuivez doucement la cuisson de l'omelette pendant 3 minutes environ.

❒ Faites glisser l'omelette sur une planche à découper et laissez-la tiédir légèrement, puis détaillez-la en carrés et servez-les avec des petites piques en bois. Vous pouvez aussi la laisser refroidir complètement.

GUACAMOLE

POUR 4 PERSONNES • PRÉPARATION : 10 MIN

1 avocat + 1 oignon nouveau + 5 tomates cerises + Le jus de ½ citron vert + Sel, poivre

❒ Pelez l'avocat, retirez le noyau. Écrasez-le avec une fourchette dans une assiette creuse, ajoutez le jus de citron vert, salez et poivrez.

❒ Lavez les tomates cerises et coupez-les en petits morceaux. Rincez et émincez l'oignon nouveau.

❒ Ajoutez l'oignon et les tomates au guacamole. Dégustez avec des cracottes de sarrasin, par exemple.

HOUMOUS DE HARICOTS ROUGES

POUR 4 PERSONNES • PRÉPARATION : 10 MIN

180 g (poids égoutté) de haricots rouges en bocal + 1 gousse d'ail + 1 cuil. à soupe de jus de citron + 1 cuil. à soupe de purée de sésame + 1 cuil. à soupe de crème végétale au choix 1 cuil. à soupe d'huile d'olive + 1 cuil. à café de cumin en poudre + 1 pincée de sel 1 pincée de poivre

❒ Rincez et égouttez les haricots, pelez et hachez l'ail.

❒ Versez ces ingrédients dans le bol du robot avec le jus de citron, la purée de sésame, la crème, l'huile d'olive, le cumin, le sel et le poivre.

❒ Mixez grossièrement, jusqu'à l'obtention d'une préparation homogène.

DIP ARTICHAUT-ÉPINARD ET FROMAGE

POUR 12 PERSONNES • PRÉPARATION : 15 MIN • CUISSON : 20 MIN

1 gros paquet de tortillas ou 2 petits + 300 g d'épinards hachés nature + 200 g de cœurs d'artichaut en boîte, égouttés + 250 g de cheddar orange + 250 g de tomme des Pyrénées 3 cuil. à soupe de parmesan râpé + 2 cuil. à soupe de crème fraîche épaisse + ½ cuil. à café de piment de Cayenne + 1 pincée de sel + 2 tours de moulin à poivre

❒ Décongelez les épinards, essorez-les et épongez l'excédent d'eau avec du papier absorbant. Égouttez, séchez et coupez les cœurs d'artichaut en petits morceaux.

❒ Râpez les fromages. Préchauffez le four à 180 °C (th. 6).

❒ Dans un saladier, mélangez les épinards, les cœurs d'artichaut, les trois fromages, la crème fraîche, le sel, le poivre et le piment de Cayenne. Répartissez la préparation dans 3 petits plats en porcelaine (ou équivalent) et lissez la surface.

❒ Enfournez les petits plats pour 20 minutes ; le fromage doit être complètement fondu.

❒ Laissez refroidir 2 à 3 minutes à la sortie du four, puis servez avec les tortillas.

Variez les fromages : mozzarella, comté, emmental… Il y en a pour tous les goûts !

TARTINADE DE COURGE, NOIX ET ROQUEFORT

POUR 4 PERSONNES • PRÉPARATION : 5 MIN • CUISSON : 30 MIN

1 petite courge de 500 g ou 1 portion de potiron de 500 g + 2 cuil. à soupe d'huile de noix
2 cuil. à soupe de vinaigre de cidre + 60 g de roquefort ou fromage bleu + Sel, poivre

❒ Dans le panier du cuit-vapeur ou dans l'autocuiseur, mettez la courge ou le morceau de potiron. Faites cuire 30 minutes (ou 20 minutes à l'autocuiseur). Laissez refroidir.

❒ Enlevez la peau et les pépins de la courge et mettez-la en morceaux grossiers dans le bol d'un robot mixeur. Ajoutez l'huile de noix, le vinaigre de cidre et le roquefort. Mixez finement. Salez et poivrez.

❒ Réservez au frais jusqu'au moment de servir.

On peut remplacer le roquefort par un fromage de chèvre frais ou un autre fromage frais plus doux, comme le St Môret® ou le Philadelphia®.

HOUMOUS LÉGER AUX POIVRONS ET TOMATES CONFITES

POUR 4 PERSONNES • PRÉPARATION : 10 MIN • CUISSON : 30 MIN • REPOS : 30 MIN

2 poivrons jaunes ou rouges + 150 g de pois chiches cuits et égouttés + 1 gousse d'ail
8 tomates confites + ½ citron + 1 cuil. à soupe d'huile d'olive + Sel, poivre

❐ Préchauffez le four à 200 °C (th. 6-7) à chaleur tournante.

❐ Déposez les poivrons dans un plat à four, enfournez-les pour 30 minutes. Une dizaine de minutes avant la fin, ajoutez la gousse d'ail non pelée (en chemise).

❐ Mettez les poivrons et l'ail dans un saladier et couvrez-le. Laissez refroidir au minimum 30 minutes.

❐ Pelez et épépinez les poivrons. Pelez l'ail. Pressez le citron. Mettez tous les ingrédients dans le bol d'un robot et mixez jusqu'à l'obtention d'une consistance lisse. Rectifiez l'assaisonnement et réservez au frais.

Utilisez l'huile des tomates confites plutôt qu'une huile d'olive classique et ajoutez un bouquet de basilic frais pour des saveurs estivales et méditerranéennes.

MOUSSE D'AUBERGINE À LA CORIANDRE

POUR 4 PERSONNES • PRÉPARATION : 20 MIN • CUISSON : 25 MIN

2 aubergines + ½ citron + 1 gousse d'ail + 1 bouquet de coriandre + 1 pincée de piment
1 cuil. à soupe d'huile d'olive + 1 cuil. à soupe d'huile de colza + Sel, poivre

❐ Préchauffez le four à 150 °C (th. 5). Lavez les aubergines, puis coupez-les en deux dans le sens de la longueur. Disposez-les dans un plat, salez et poivrez. Faites-les cuire pendant 25 minutes environ, en les couvrant d'une feuille de papier d'aluminium si elles colorent trop vite.

❐ Laissez tiédir les aubergines quelques minutes hors du four, puis récupérez la chair à l'aide d'une petite cuillère. Pelez l'ail et effeuillez la coriandre préalablement lavée.

❐ Mettez la chair d'aubergine dans le bol du mixeur, ajoutez l'ail, la coriandre, le piment et les huiles. Arrosez d'un trait de jus de citron.

❐ Mixez le mélange pendant 3 à 4 minutes afin d'obtenir une purée lisse et aérée. Rectifiez l'assaisonnement. Servez tiède ou frais avec du pain grillé.

FROMAGE VÉGÉTAL

POUR 6 PERSONNES • TREMPAGE : 4 H • PRÉPARATION : 5 MIN • RÉFRIGÉRATION : 1 H

120 g de graines de lupin (en conserve) + 100 g de noix de cajou non salées
60 g de crème végétale au choix + 2 cuil. à café de moutarde forte + 1 cuil. à café de sel

❒ Faites tremper les noix de cajou dans de l'eau pendant au moins 4 heures. Égouttez-les, rincez-les puis égouttez-les de nouveau. Rincez et égouttez le lupin.

❒ Versez les noix de cajou ainsi que le lupin dans le bol d'un robot. Ajoutez la crème, la moutarde, le sel et 2,5 cl d'eau puis mixez jusqu'à l'obtention d'une préparation homogène.

❒ Laissez reposer 1 heure au réfrigérateur avant de servir.

Ajoutez des épices, des graines ou des herbes fraîches à la préparation.

PURÉE DE POIS CHICHES AUX PISTACHES

POUR 4 PERSONNES • PRÉPARATION : 15 MIN

400 g de pois chiches en bocal + 2 cuil. à soupe de fromage blanc + 50 g de pistaches grillées non salées + 2 cuil. à soupe de germes de blé + 3 tiges de coriandre fraîche 2 tiges de menthe fraîche + 1 pincée de graines de cumin + 1 gousse d'ail + 2 cuil. à soupe d'huile d'olive + Sel, poivre

❒ Rincez et égouttez les pois chiches. Rincez et hachez la menthe et la coriandre. Pelez et hachez l'ail.

❒ Mixez rapidement les pois chiches, les pistaches, le fromage blanc, les germes de blé et l'huile (la texture ne doit pas être trop lisse). Ajoutez la menthe, la coriandre, du sel, du poivre, le cumin et l'ail. Mélangez et dégustez sur du pain complet grillé.

BRUSCHETTA À LA TOMATE

POUR 4 PERSONNES • PRÉPARATION : 10 MIN • CUISSON : 5 MIN

4 tomates bien mûres + 2 gousses d'ail + 4 brins de basilic + 4 belles tranches de pain de campagne + 2 cuil. à soupe d'huile d'olive + Sel, poivre

❒ Lavez les tomates, puis coupez-les en petits dés, en éliminant le jus et les graines. Versez les dés dans un saladier. Rincez et épongez les feuilles de basilic, puis ciselez-les, pas trop finement.

❒ Arrosez les tomates d'huile d'olive, ajoutez le basilic ciselé, salez et poivrez. Réservez à température ambiante.

❒ Pelez les gousses d'ail. Faites dorer les tranches de pain au grille-pain ou sous le gril du four 2 à 3 minutes de chaque côté.

❒ Frottez le pain grillé avec l'ail. Répartissez les dés de tomate sur le pain et servez. Dégustez aussitôt pour que le pain reste croustillant.

TARTINES AU FROMAGE BLANC ET À LA CIBOULETTE

POUR 4 PERSONNES • PRÉPARATION : 10 MIN

4 tartines de pain très frais + 400 g de fromage blanc battu + ½ botte de ciboulette
1 petite botte de radis + Huile d'olive + Sel, poivre

❒ Lavez et ciselez la ciboulette en conservant quelques brins entiers pour la décoration. Nettoyez et coupez les radis en rondelles.

❒ Dans un bol, assaisonnez le fromage blanc avec la ciboulette ciselée, du poivre et du sel. Mélangez bien et réservez au frais jusqu'au moment de servir.

❒ Étalez très généreusement le fromage blanc sur chaque tartine. Parsemez de rondelles de radis et de brins de ciboulette.

❒ Ajoutez quelques gouttes d'huile d'olive sur les tartines.

PÂTÉ DE LENTILLES ET GRAINES DE COURGE

POUR 2 PERSONNES • PRÉPARATION : 10 MIN • CUISSON : 35 MIN
RÉFRIGÉRATION : 2 H

30 g de lentilles vertes + 10 g de graines de courge + 1 petit oignon jaune + 1 gousse d'ail
2 cornichons + 1 cuil. à soupe d'huile d'olive + 1 pincée de poivre noir + 1 pincée de sel

❒ Faites cuire les lentilles dans de l'eau bouillante pendant 25 minutes. Préchauffez le four à 200 °C (th. 6-7). Une fois les lentilles cuites, égouttez-les et passez-les sous l'eau froide avant de les égoutter à nouveau.

❒ Versez les graines de courge dans un petit plat allant au four et faites-les dorer pendant 5 minutes.

❒ Pelez l'oignon et l'ail, hachez-les finement et faites-les revenir dans l'huile d'olive, à feu moyen, pendant 6 minutes.

❒ Incorporez les lentilles et les graines de courge, le sel et le poivre, et transférez le tout dans le bol du robot. Mixez grossièrement puis versez dans un bol.

❒ Découpez les cornichons en deux, répartissez-les sur le pâté et placez au réfrigérateur 2 heures avant de servir.

DIPS 5 SAVEURS

POUR 4 À 6 PERSONNES • PRÉPARATION : 10 MIN

Aux tomates séchées et aux amandes : 140 g de tomates séchées + 140 g de tomates cerises + 60 g de poudre d'amandes + 1 gousse d'ail pelée + 6 à 8 câpres + 2 cl d'huile d'olive

Au poivron rouge : 1 poivron rouge cuit + 50 g de yaourt au soja + 1 gousse d'ail pelée 1 cuil. à café d'huile d'olive + 1 cuil. à café de piment d'Espelette + 1 pincée de fleur de sel

Aux pois chiches et à la roquette : 400 g de pois chiches (déjà cuits ou en conserve) 50 g de roquette lavée + 1 gousse d'ail pelée + 2 cuil. à soupe d'huile d'olive + 1 pincée de fleur de sel

Aux olives : 150 g d'olives vertes ou noires dénoyautées + 6 à 8 câpres + 2 gousses d'ail pelées + 3 cuil. à café d'huile d'olive

Aux noix et au basilic : 50 g de noix au choix (cajou, Grenoble, pécan...) + 2 belles poignées de basilic frais + 1 gousse d'ail pelée + 2 cuil. à soupe d'huile d'olive + 1 cuil. à soupe d'eau 1 pincée de fleur de sel

❐ Mixez les ingrédients de chaque dip au robot jusqu'à l'obtention d'une préparation homogène, mais pas nécessairement lisse.

❐ Servez aussitôt ou réservez au réfrigérateur.

MOUSSE AUX DEUX SAUMONS

POUR 4 PERSONNES • PRÉPARATION : 15 MIN • CUISSON : 15 MIN

RÉFRIGÉRATION : 1 H

210 g de saumon frais + 80 g de saumon fumé + 80 g de beurre + 1 petite échalote

❐ Portez à ébullition une petite casserole d'eau légèrement salée, plongez-y le saumon frais, baissez le feu et faites cuire à petits frémissements 12 minutes environ. Égouttez le saumon, puis laissez-le complètement refroidir.

❐ Épluchez l'échalote, placez-la dans un mixeur et mixez-la le plus finement possible. Ajoutez les deux saumons et le beurre coupé en cubes, puis mixez encore le plus finement possible.

❐ Mettez la mousse dans un bol et laissez reposer au frais 1 heure avant de servir.

RILLETTES DE MAQUEREAU AU CITRON CONFIT

POUR 4 PERSONNES • PRÉPARATION : 5 MIN

2 boîtes de filets de maquereau au naturel + 2 cuil. à soupe de fromage frais léger (type St Môret® ou Philadelphia®) + 2 cuil. à soupe d'huile d'olive + ½ citron confit + Sel, poivre

- Égouttez les filets de maquereau.
- Coupez et épépinez le citron confit.
- Mettez tous les ingrédients dans le bol d'un robot mixeur. Mixez jusqu'à l'obtention d'une consistance lisse.

RILLETTES DE SARDINE

POUR 4 PERSONNES • PRÉPARATION : 5 MIN

2 petites boîtes de filets de sardine à l'huile d'olive + 100 g de fromage frais léger (type St Môret® ou Philadelphia®) + ½ citron + 2 cuil. à soupe de ciboulette ciselée
Mélange 5 baies ou poivre

❒ Pressez le citron. Égouttez les filets de sardine.

❒ Mettez les filets dans un bol avec le jus de citron, le fromage, 4 tours de mélange 5 baies ou de poivre, la ciboulette.

❒ Fouettez à la fourchette jusqu'à l'obtention d'une consistance « rillettes ».

Pour une tartinade plus relevée, choisissez les filets de sardine au piment d'Espelette.

RILLETTES DE HADDOCK À LA PATATE DOUCE

POUR 6 À 8 PERSONNES • PRÉPARATION : 30 MIN • CUISSON : 15 À 20 MIN

RÉFRIGÉRATION : 2 H AU MINIMUM

50 cl de lait + 10 cl de crème fraîche + 70 g de beurre + 200 g de filet de haddock
150 g de patate douce + 2 petits oignons nouveaux + Sel, poivre

- Épluchez la patate douce et coupez-la en cubes. Parez les oignons. Hachez-les finement avec 2 à 3 cm de la tige verte.

- Faites cuire la patate douce 10 à 15 minutes à l'eau bouillante légèrement salée, jusqu'à ce qu'elle soit très tendre. Égouttez-la et laissez refroidir.

- Mettez le filet de haddock dans une casserole, recouvrez-le du lait et chauffez doucement. Retirez du feu dès les premiers frémissements, en veillant à ne pas atteindre l'ébullition. Sortez-le à l'aide d'une écumoire et laissez-le refroidir sur du papier absorbant.

- Mettez les cubes de patate douce dans un grand bol, puis écrasez-les à la fourchette, en incorporant progressivement le beurre et la crème.

- Éliminez la peau et les dernières arêtes du haddock. Émiettez-le dans un second bol.

- Réunissez les deux préparations, ajoutez l'oignon haché, salez et poivrez, puis mélangez pour bien homogénéiser l'ensemble.

- Mettez en terrine ou dans des ramequins individuels, sans tasser, et placez au moins 2 heures au réfrigérateur avant de servir.

TOASTS DE PATATE DOUCE

POUR 4 PERSONNES • PRÉPARATION : 10 MIN • CUISSON : 5 MIN

4 tranches de patate douce (60 g environ)
Au choix : 1 cuil. à café de purée d'amandes + 1 douzaine de myrtilles
1 cuil. à café de fromage de chèvre frais + 2 radis + ¼ avocat
1 pincée de graines de sésame noir + Sel, poivre

❐ Pelez la patate douce et lavez-la. Coupez-la en tranches de 1 cm environ. Passez une tranche au grille-pain à puissance maximale. Refaites griller si besoin une ou deux fois selon la puissance de votre appareil.

❐ Selon votre goût, tartinez le toast de patate douce de purée d'amandes recouverte de myrtilles, de fromage de chèvre frais avec des rondelles de radis ou encore d'avocat écrasé, salé, poivré et de graines de sésame.

CHIPS DE VITELOTTES ET DE PANAIS ET LEUR DIP

POUR 4 PERSONNES • PRÉPARATION : 15 MIN • CUISSON : 10 À 15 MIN

50 g de fromage de chèvre frais + 100 g de fromage blanc battu
3 pommes de terre vitelotte (grosses) + 1 panais + 1 cuil. à soupe de ciboulette ciselée + 2 cuil. à soupe d'huile d'olive + Fleur de sel + Sel, poivre

❐ Épluchez les légumes, lavez-les et coupez-les en rondelles ou en tranches très fines, si possible à la mandoline pour que la découpe soit bien régulière.

❐ Préchauffez le four à 180 °C (th. 6). Recouvrez une plaque de papier sulfurisé. Rangez les chips de panais et de vitelottes les unes à côté des autres, sans que les tranches se chevauchent. Huilez-les au pinceau. Enfournez et faites cuire 10 à 15 minutes, jusqu'à ce que les tranches commencent juste à dorer.

❐ Mettez les chips à tiédir sur du papier absorbant. Préparez le dip : mélangez la ciboulette, le fromage de chèvre frais, le fromage blanc et 1 cuillerée à soupe d'huile d'olive dans un bol, en fouettant à la fourchette. Salez et poivrez.

❐ Disposez les chips sur un plat. Parsemez d'un peu de fleur de sel. Servez le dip en même temps, dans un bol ou une coupelle, pour y tremper les chips.

Pour varier les couleurs, ajoutez par exemple des carottes ou des betteraves. Vous pouvez aussi plonger les chips 3 minutes dans un bain de friture.

CARRÉS AUX HERBES, SAUCE À LA FOURME D'AMBERT

POUR 10 PERSONNES • PRÉPARATION : 30 MIN • CUISSON : 6 MIN

6 feuilles de pain lavash + 150 g de fourme d'Ambert + 80 g de crème fraîche
80 g de beurre + 15 feuilles de basilic + 15 tiges de ciboulette + 3 cuil. à soupe d'herbes séchées mélangées (thym, origan...) + 2 cuil. à café de graines de fenouil
1 cuil. à soupe de porto blanc ou rouge + 2 pincées de fleur de sel
6 tours de moulin à poivre

❐ Préchauffez le four à 180 °C (th. 6). Préparez la sauce au bleu : dans le bol d'un robot, hachez les herbes fraîches, ajoutez le fromage émietté, la crème fraîche, le porto et le poivre. Mélangez, versez dans un bol et réservez. Faites fondre le beurre dans une petite casserole.

❐ À l'aide d'un pinceau, badigeonnez de beurre fondu les feuilles de pain lavash sur chaque face. Saupoudrez d'herbes séchées la moitié des feuilles de pain lavash et de graines de fenouil l'autre moitié. Salez et poivrez. Découpez le pain lavash en bandes de 5 cm de large, puis recoupez-les en carrés de 5 x 5 cm.

❐ Placez les petits carrés de pain lavash sur une plaque de cuisson et enfournez pour 6 minutes. Laissez refroidir à la sortie du four.

❐ Placez les petits carrés aux herbes dans un plat de présentation et dégustez avec la sauce.

Pour un peu de fraîcheur, préparez un petit panier de légumes crus à déguster avec la sauce à la fourme d'Ambert. Un mariage parfait !

GALETTES DE RIZ AU FROMAGE VÉGÉTAL

POUR 4 PERSONNES • PRÉPARATION : 15 MIN • TREMPAGE : 30 MIN
RÉFRIGÉRATION : 1 NUIT

8 galettes de riz + 4 figues + 1 poignée de graines germées

Pour le fromage végétal : 1 tasse de noix de cajou + 2 cuil. à soupe de levure (par exemple, levure de bière) + 2 cuil. à soupe de jus de citron + 1 cuil. à café de vinaigre de cidre 1 gousse d'ail + 1 pincée de sel

❒ Réalisez le fromage végétal en commençant par faire tremper les noix de cajou 30 minutes dans de l'eau. Rincez-les et égouttez-les. Versez-les avec tous les ingrédients et 2 cuillerées à soupe d'eau dans le bol d'un robot ; mixez le tout jusqu'à l'obtention d'une pâte crémeuse. Transférez-la dans un saladier et placez au réfrigérateur pour 1 nuit minimum.

❒ Rincez les figues et coupez-les en deux, puis de nouveau en deux dans le sens de la longueur.

❒ Tartinez le fromage végétal sur les galettes de riz, ajoutez 1 morceau de figue, des graines germées et dégustez !

SUCETTES TOMATE CERISE

POUR 4 PERSONNES • PRÉPARATION : 10 MIN

12 tomates cerises + 2 cuil. à soupe de sucre glace + 1 pincée de paprika doux + 1 cuil. à café de jus de citron + Quelques gouttes de vinaigre + Vermicelles en sucre pour décorer

❒ Mélangez le sucre, le paprika, le jus de citron et le vinaigre. La consistance doit être assez épaisse.

❒ Plantez les tomates cerises sur des piques en bois et trempez-les dans le glaçage, puis dans les vermicelles.

CHAMPIGNONS FARCIS

POUR 4 PERSONNES • PRÉPARATION : 5 MIN

8 champignons de Paris + 150 g de fromage de chèvre frais + 1 cuil. à soupe de pesto
1 cuil. à soupe de jus de citron + Sel, poivre

❒ Enlevez les pieds des champignons, nettoyez bien les chapeaux et arrosez-les de jus de citron.

❒ Mélangez le fromage de chèvre, le sel, le poivre et le pesto à la fourchette.

❒ Farcissez-en généreusement les chapeaux à l'aide d'une poche à douille ou d'une cuillère.

Pour varier les saveurs, changez d'herbes !

PIMENTS DOUX AU GROS SEL

POUR 6 PERSONNES • PRÉPARATION : 5 MIN • CUISSON : 5 MIN

500 g de petits piments verts doux + 2 cuil. à soupe d'huile d'olive + Gros sel de mer

❒ Lavez rapidement les piments verts sous le robinet d'eau froide, égouttez-les et épongez-les dans un torchon, sans retirer la queue et le pédoncule.

❒ Faites chauffer l'huile dans une grande poêle sur feu assez vif. Quand elle commence à fumer, ajoutez tous les piments et remuez-les aussitôt avec une spatule en bois pendant 4 à 5 minutes en les retournant jusqu'à ce qu'ils ramollissent et commencent à brunir sur les bords. Égouttez-les aussitôt sur un plat tapissé de papier absorbant.

❒ Répartissez les piments chauds sur des petites assiettes, poudrez de gros sel et dégustez-les aussitôt en les prenant par la queue.

RADIS PANÉS AUX MIETTES DE PAIN NOIR

POUR 4 PERSONNES • PRÉPARATION : 20 MIN • CUISSON : 5 MIN

1 botte de radis roses + 125 g de fromage frais type Saint-Môret®
3 tranches de pumpernickel (pain noir) ou de pain de seigle + 2 cuil. à soupe de graines de courge + 2 cuil. à soupe de graines de tournesol + 1 cuil. à café de moutarde + Poivre

❒ Coupez les fanes et les radicelles des radis en conservant 1 cm environ de tige verte, de façon à pouvoir les saisir. Lavez-les à l'eau bien fraîche pour qu'ils gardent leur croquant, puis séchez-les soigneusement avec un linge propre.

❒ Écrasez le fromage frais avec la moutarde et plusieurs tours de moulin à poivre.

❒ Passez les tranches de pumpernickel au grille-pain, puis laissez refroidir.

❒ Dans une poêle antiadhésive, faites griller à sec les graines de courge et de tournesol en remuant, puis réservez.

❒ À l'aide d'un blender, mixez le pumpernickel avec les graines de courge et de tournesol, jusqu'à l'obtention d'une chapelure grossière.

❒ Enduisez les radis de fromage frais avec les doigts, puis passez-les dans la chapelure de pain aux graines.

CAMPAGNE

BROCHETTES DE LÉGUMES MULTICOLORES

POUR 4 PERSONNES • PRÉPARATION : 10 MIN • CUISSON : 25 MIN

1 carotte violette + 1 carotte jaune + 1 poivron vert + 1 poivron jaune + 1 courgette
1 oignon rouge + 12 tomates cerises rouges

❒ Pelez et coupez chaque carotte en 12 rondelles, puis faites-les cuire à la vapeur pendant 15 minutes.

❒ Lavez les poivrons et la courgette et coupez-les en 12 morceaux. Pelez l'oignon rouge et coupez-le aussi en douze. Lavez les tomates cerises.

❒ Enfilez les différents légumes sur des piques à brochettes de moyenne taille, dans cet ordre : carotte violette, oignon rouge, poivron vert, courgette, carotte jaune, poivron jaune et tomate cerise.

❒ Allumez la plancha (ou chauffez une poêle) et faites cuire les brochettes 10 minutes en les retournant régulièrement.

PETITS POIVRONS FARCIS

POUR 4 PERSONNES • PRÉPARATION : 20 MIN • CUISSON : 45 MIN
REPOS : 10 MIN

6 petits poivrons (de différentes couleurs) + 120 g de feta + 10 feuilles de basilic (+ quelques-unes pour le décor) + 2 à 3 pincées de curry en poudre

❒ Préchauffez le four à 180 °C (th. 6). Lavez et séchez les poivrons. Placez 2 poivrons dans un plat et passez-les au four 20 minutes. Mettez-les ensuite dans un sac congélation en faisant attention de ne pas vous brûler et laissez-les tiédir.

❒ Quand les poivrons sont tièdes, enlevez la peau, les graines et le pédoncule, puis mettez la chair dans un mixeur. Ajoutez les feuilles de basilic grossièrement hachées et mixez le tout assez finement. Écrasez grossièrement la feta à la main, ajoutez-la ainsi que le curry dans le mixeur et faites-le tourner rapidement pour mélanger le tout.

❒ Coupez les poivrons restants en deux et enlevez les graines. Garnissez les demi-poivrons de farce et déposez-les sur une plaque recouverte de papier cuisson. Enfournez-les pour 20 minutes. Puis faites-les dorer en les passant 3 minutes sous un gril brûlant.

❒ Glissez les poivrons sur un plat et parsemez-les de feuilles de basilic.

MINI-TOMATES FARCIES

POUR 4 PERSONNES • PRÉPARATION : 10 MIN

12 tomates cocktail + 120 g de ricotta + 90 g de thon à l'huile d'olive égoutté
20 feuilles de basilic finement ciselées + 1 pincée de piment d'Espelette
1 cuil. à soupe d'huile d'olive + Poivre

❒ Coupez les tomates au niveau du chapeau, videz-les de leur pulpe.

❒ Mélangez dans un bol la ricotta, le thon, le basilic, le piment et l'huile d'olive, poivrez.

❒ Garnissez généreusement les tomates et recouvrez-les avec les chapeaux.

Avec ou sans piment, à vous de choisir !

BEIGNETS DE FENOUIL AU COMTÉ

POUR 4 PERSONNES • PRÉPARATION : 15 MIN • CUISSON : 45 MIN

3 fenouils + 1 œuf + 2 noix de beurre + 50 g de comté râpé fin

❒ Retirez les extrémités et les feuilles dures extérieures des fenouils. Coupez les cœurs des fenouils en tranches et faites-les cuire à la vapeur pendant 35 minutes. Séchez-les avec un linge propre.

❒ Battez l'œuf dans une assiette creuse et mettez le fromage dans une autre. Faites fondre la moitié du beurre dans une poêle. Trempez les tranches dans l'œuf, puis dans le fromage et faites-les dorer de chaque côté. Ajoutez le beurre restant au cours de la cuisson pour baisser la température dans la poêle et éviter ainsi aux beignets de brûler. Servez chaud.

BEIGNETS DE SALSIFIS AU PARMESAN

POUR 4 PERSONNES • PRÉPARATION : 40 MIN • CUISSON : 10 MIN

30 g de parmesan râpé + 600 g de salsifis + 1 citron + 60 g de farine et 2 cuil. à soupe + 60 g de fécule de maïs + 15 g de levure chimique
1 l d'huile de maïs ou de tournesol (pour la friture) + Sel

❒ Pressez le citron et récupérez le jus. Dans un bol, mélangez 4 cuillerées à soupe du jus de citron et 2 cuillerées à soupe de farine. Versez le reste du jus de citron dans un grand saladier d'eau fraîche. Coupez les extrémités des salsifis, puis épluchez-les avec soin. Coupez-les en tronçons de 5 à 6 cm. Plongez-les au fur et à mesure dans l'eau citronnée.

❒ Pour la pâte à beignets, mélangez la farine, la fécule et la levure dans un petit saladier. Sans cesser de remuer, versez lentement juste assez d'eau (20 cl environ) pour obtenir une consistance de pâte à crêpes fluide. Ajoutez le parmesan et mélangez bien.

❒ Faites bouillir une grande casserole d'eau légèrement salée. Prélevez-en une louche et versez-la dans le bol pour délayer la pâte de citron. Reversez le mélange dans la casserole. Égouttez les salsifis, jetez-les dans l'eau bouillante et faites-les cuire 5 minutes, en les gardant fermes. Égouttez-les à nouveau. Versez l'huile dans une sauteuse et chauffez-la à 170 °C. Épongez soigneusement les salsifis. Trempez-les un à un dans la pâte à beignets, puis plongez-les dans le bain de friture par petites quantités et faites-les dorer 2 à 3 minutes. Retirez-les à l'aide d'une écumoire et posez-les quelques instants sur du papier absorbant.

❒ Servez dans un plat chaud et saupoudrez légèrement de sel.

CHIPS DE CAROTTES, BETTERAVES ET PATATE DOUCE

POUR 4 PERSONNES • PRÉPARATION : 10 MIN • CUISSON : 15 MIN

2-3 carottes (de couleurs différentes) + 2-3 betteraves (de couleurs différentes)
½ patate douce + Huile pour frire + Sel, poivre

❐ Lavez et séchez tous les légumes, ne les épluchez pas. Taillez-les tous en très fines tranches, de préférence avec une mandoline ou à défaut avec un petit couteau bien affûté. Mettez les tranches au fur et à mesure dans des bols remplis d'eau bien froide. Ne mélangez pas les couleurs, sinon toutes les tranches vont finir de la même couleur.

❐ Faites chauffer l'huile à 160 °C. Égouttez une première portion de légumes et faites-les dorer dans l'huile : comptez 5 minutes environ.

❐ Une fois bien dorés, déposez-les sur du papier absorbant et recommencez jusqu'à ce que tous les légumes soient frits.

❐ Mélangez-les, salez, poivrez et remuez de nouveau. Dégustez aussitôt pendant qu'ils sont encore croustillants.

FRITES D'AUBERGINE À LA POLENTA

POUR 4 À 6 PERSONNES • PRÉPARATION : 10 MIN • REPOS : 1 H
CUISSON : 25 MIN

1 aubergine + 50 cl de lait végétal (de votre choix) + 150 g de polenta
Le zeste de 2 citrons verts + 2 cuil. à soupe de miel + 1 cuil. à soupe d'huile d'olive + 1 pincée de sel + Poivre

❐ Coupez l'aubergine en petits bâtonnets ; placez-les dans un bol et versez le lait dessus. Laissez reposer 1 heure.

❐ Préchauffez le four à 220 °C (th. 7-8). Mélangez la polenta avec le sel dans un plat, retirez les bâtonnets d'aubergine du lait et roulez-les dans le mélange afin que les morceaux soient recouverts d'une couche de polenta.

❐ Transférez les bâtonnets d'aubergine sur une plaque allant au four recouverte de papier sulfurisé. Arrosez d'huile d'olive et faites cuire pendant 25 minutes.

❐ Parsemez de zestes de citron vert, de miel et poivrez avant de servir.

BÂTONNETS DE COURGETTES CROUSTILLANTS

POUR 4 PERSONNES • PRÉPARATION : 10 MIN • CUISSON : 10 MIN

2 courgettes moyennes + 40 g de parmesan râpé + 30 g de chapelure
30 g de farine + 2 œufs + 1 dizaine de feuilles de basilic ou autres herbes
1 cuil. à soupe d'huile d'olive + 10 cl + 1 pincée de piment d'Espelette + Sel, poivre

❐ Lavez, essuyez les courgettes et coupez-les en bâtonnets de 4 à 5 cm.

❐ Préparez une assiette à soupe contenant la farine. Dans une deuxième assiette à soupe, fouettez les œufs avec l'huile. Dans une troisième assiette, mélangez la chapelure, le parmesan, le piment d'Espelette, le sel et le poivre. Préparez un plat sur lequel vous disposerez des feuilles de papier absorbant. Farinez les courgettes, trempez-les dans l'œuf et roulez les bâtonnets dans la chapelure. Chauffez les 10 cl d'huile d'olive dans la poêle, faites-y dorer les bâtonnets sur toutes les faces par 6 ou 7. Épongez l'excédent d'huile sur le papier absorbant. Dans le reste de l'huile, faites frire les feuilles de basilic.

❐ Servez immédiatement sur un plat, salez l'ensemble des bâtonnets, disposez les feuilles de basilic et dégustez avec les doigts !

Pour fariner les courgettes avec rapidité et facilité, mettez la farine et les courgettes dans un sac congélation. Secouez, le tour est joué !

TOMATES CONFITES

POUR 4 PERSONNES • PRÉPARATION : 20 MIN • CUISSON : 4 H

12 tomates grappes + 12 feuilles de basilic + 2 gousses d'ail
2 cuil. à soupe d'huile d'olive

❒ Préchauffez le four à 90 °C (th. 3). Lavez et séchez les tomates. Coupez-les en quatre, puis épépinez-les.

❒ Déposez les quartiers de tomate la peau vers le bas sur une plaque recouverte de papier sulfurisé.

❒ Épluchez les gousses d'ail, hachez-les au presse-ail et parsemez-les sur les tomates. Arrosez le tout avec l'huile d'olive. Enfournez pour 4 heures.

❒ Déposez les tomates sur une assiette, puis parsemez les feuilles de basilic avant de servir.

PATATAS BRAVAS

POUR 4 PERSONNES • PRÉPARATION : 15 MIN • CUISSON : 30 MIN

500 g de pommes de terre + 2 cuil. à soupe d'huile d'olive
4 cuil. à soupe de ketchup + ½ cuil. à café de paprika + Sel

❒ Pelez les pommes de terre, coupez-les en cubes de 2,5 cm et plongez-les 5 minutes dans une casserole d'eau bouillante salée.

❒ Préchauffez le four à 190 °C (th. 6-7). Égouttez les pommes de terre, mettez-les dans un saladier et arrosez-les d'huile d'olive, salez et mélangez pour bien répartir l'huile. Disposez-les sur une plaque de four recouverte de papier sulfurisé et enfournez pour une vingtaine de minutes en les retournant de temps en temps.

❒ Terminez la cuisson en les passant 5 minutes sous un gril bien chaud pour les dorer.

❒ Mélangez dans un saladier le ketchup et le paprika. Ajoutez les pommes de terre et mélangez le tout. Servez aussitôt.

OLIVES MARINÉES

POUR 4 PERSONNES • PRÉPARATION : 20 MIN
MACÉRATION : 3 À 4 JOURS

500 g de grosses olives vertes au naturel non dénoyautées + 4 gousses d'ail
12 cl d'huile d'olive + 1 cuil. à soupe de marjolaine fraîche hachée
1 cuil. à soupe de romarin frais haché + 1 cuil. à café de graines de fenouil
1 cuil. à café de paprika doux + 3 cuil. à soupe de vinaigre de Xérès + Sel, poivre

❒ Égouttez les olives et frappez-les une par une avec un maillet en bois jusqu'à ce qu'elles éclatent. Mettez-les au fur et à mesure dans un bocal. Pelez les gousses d'ail et hachez-les. Ajoutez-les dans le bocal, avec les graines de fenouil. Salez et poivrez. Mélangez intimement avec une grande cuillère en bois.

❒ Dans un bol, mélangez en fouettant l'huile, le vinaigre, la marjolaine, le paprika et le romarin. Versez ce mélange sur les olives et remuez à nouveau. Laissez macérer 3 à 4 jours avant de déguster.

❒ Répartissez les olives avec leur marinade dans des coupelles et servez-les à température ambiante, éventuellement avec des rondelles de chorizo ou de boudin noir froid.

ARTICHAUT VIOLET, SAUCE À LA MENTHE

POUR 4 PERSONNES • PRÉPARATION : 20 MIN

8 petits artichauts poivrades + Le jus de 1 citron + 1 échalote + 1 brin de menthe
5 brins de persil plat + 400 g de fromage blanc à 20 % de MG
1 cuil. à soupe de moutarde forte + Sel, poivre

❐ Lavez les artichauts, éliminez les feuilles un peu dures, puis plongez-les dans un saladier contenant de l'eau froide et le jus du citron.

❐ Pelez et hachez l'échalote. Rincez la menthe et le persil, puis hachez-les finement. Mélangez le fromage blanc, la moutarde, les herbes et l'échalote. Salez, poivrez, ajoutez quelques gouttes de jus de citron et mélangez.

❐ Égouttez les artichauts, tranchez-les en huit dans le sens de la hauteur. Servez les artichauts découpés accompagnés de la sauce bien froide.

MINI-TACOS DE BETTERAVE CRUE

POUR 4 PERSONNES • PRÉPARATION : 10 MIN • TREMPAGE : 1 NUIT

3 betteraves cuites + 75 g d'amandes + Le jus de ½ citron
2 cuil. à soupe d'huile d'olive + 2 gousses d'ail + 2 brins de thym et quelques feuilles pour la garniture + Quelques feuilles de basilic + 1 pincée de sel

❒ Faites tremper les amandes dans un bol d'eau pendant la nuit.

❒ Mixez dans le bol d'un robot les amandes, l'huile d'olive, le jus de citron, le sel, les gousses d'ail écrasées, le thym effeuillé et le basilic. Goûtez et rectifiez l'assaisonnement.

❒ Transférez le mélange sur du papier sulfurisé et roulez-le afin de former une bûche. Laissez reposer au frais pendant la nuit.

❒ Pelez et coupez les betteraves en rondelles très fines, à l'aide d'une mandoline si possible.

❒ Déposez 1 cuillerée à soupe de pâte sur la moitié d'une rondelle de betterave et pliez l'autre moitié par-dessus. Goûtez et rectifiez l'assaisonnement avant de poursuivre. Parsemez de thym et servez aussitôt.

TAPAS DE RADIS NOIR AU JAMBON IBÉRIQUE

POUR 4 PERSONNES • PRÉPARATION : 20 MIN

2 tranches de jambon cru (ibérique, de préférence) + 2 kakis persimmon + 1 petit radis noir

Pour la sauce : 1 cuil. à café de jus de citron vert + Le zeste râpé de ½ citron vert (non traité) + 1 pincée de gingembre en poudre + 2 cuil. à soupe d'huile d'olive + Sel, poivre

❒ Préparez la sauce en mélangeant tous les ingrédients, puis réservez.

❒ Lavez le radis noir et essuyez-le. À l'aide d'une mandoline ou d'une râpe fine (1 mm épaisseur), découpez des rondelles de radis noir. Coupez les kakis en tranches de 0,5 cm d'épaisseur environ, puis taillez-les en carrés. Coupez les tranches de jambon en lanières de 2 x 8 cm environ.

❒ Sur un plat de service, disposez les carrés de kaki, trempez délicatement chaque rondelle de radis noir dans la sauce, puis disposez-les sur les kakis.

❒ Disposez chaque lanière de jambon en « zigzag » sur une pique en bois, puis plantez le tout dans les rondelles préparées, de façon à fixer le tapas. Procédez de même pour les autres tapas. Servez frais.

CHOU-FLEUR FAÇON MAKIS

POUR 4 PERSONNES • PRÉPARATION : 15 MIN • CUISSON : 15 MIN
RÉFRIGÉRATION : 1 H

500 g de chou-fleur + 80 g de roquette + 1 avocat pas trop mûr
150 g de courge butternut + 5 feuilles de nori + 20 câpres + 1 cuil. à soupe de purée de sésame + 1 cuil. à soupe d'huile d'olive + 1 cuil. à soupe de vinaigre de cidre
1 cuil. à soupe d'eau + 1 pincée de sel + 1 pincée de poivre noir

❐ Pelez la courge, coupez-la en bâtonnets et faites cuire à la vapeur jusqu'à ce qu'elle soit tendre, 15 minutes environ.

❐ Rincez le chou-fleur et placez-le dans le bol du robot. Mixez jusqu'à obtenir un « riz » de chou-fleur : le légume doit être haché bien finement, en semoule.

❐ Combinez dans un bol la purée de sésame, l'huile, le vinaigre, l'eau, le sel et le poivre. Mélangez au chou-fleur.

❐ Lavez la roquette et détaillez l'avocat en fines lamelles.

❐ Placez une feuille de nori sur une natte en bambou. Déposez 2 cuillerées à soupe de chou-fleur et étalez assez finement jusqu'aux trois quarts. Garnissez de roquette, de lamelles d'avocat, de courge et de câpres.

❐ Humidifiez au pinceau les parties vierges de la feuille de nori. Roulez fermement le maki en démarrant par le côté le plus proche de vous, puis scellez-le avec de l'eau. Placez au réfrigérateur 1 heure avant de découper en quatre.

POINTES D'ASPERGES VERTES ET DIP DE RADIS

POUR 4 PERSONNES • PRÉPARATION : 10 MIN • CUISSON : 15 À 20 MIN

12 asperges vertes + 10 radis (50 g) + 100 g de fromage blanc à 20 % MG
½ échalote + 5 branches de cerfeuil + Sel, poivre

❒ Pelez les asperges, rincez-les, essuyez-les, puis faites-les cuire à la vapeur pendant 15 à 20 minutes : elles doivent rester un peu fermes.

❒ Laissez-les tiédir dans un plat creux. Coupez les pointes à 5 cm environ.

❒ Préparez le dip. Coupez les queues des radis et grattez-les. Pelez et hachez l'échalote. Mixez-la avec les radis, le cerfeuil effeuillé, le fromage blanc, le sel et le poivre. Goûtez et rectifiez l'assaisonnement si nécessaire et réservez au frais.

❒ Présentez le dip aux radis entouré des pointes d'asperges vertes sur une grande assiette de service.

VERRINES D'AVOCAT ET TRUITE FUMÉE

POUR 4 PERSONNES • PRÉPARATION : 10 MIN

1 avocat + 4 tiges de coriandre + 1 oignon nouveau + quelques rondelles
1 cuil. à soupe de jus de citron + 80 g de truite fumée coupée en tout petits cubes

❒ Mixez finement la chair de l'avocat, la coriandre, l'oignon et le jus de citron.

❒ Répartissez le mélange dans les verrines.

❒ Couvrez des petits cubes de truite fumée et parsemez éventuellement de quelques rondelles d'oignon nouveau.

Truite ou saumon, à vous de choisir votre poisson fumé !

TAGLIATELLES DE COURGETTE À LA MENTHE

POUR 4 PERSONNES • PRÉPARATION : 20 MIN • REPOS : 2 H (FACULTATIF)

2 à 3 courgettes pas trop grosses + 1 citron + 5 brins de menthe fraîche
1 gousse d'ail + 10 olives noires + 10 câpres + 2 cuil. à soupe d'huile d'olive + Sel, poivre

❒ Lavez les courgettes, puis coupez-les en fines tagliatelles à l'aide d'un économe : il suffit de couper la chair dans la longueur, comme si l'on épluchait la courgette. Disposez les tagliatelles de courgette dans un saladier, arrosez de jus de citron et d'huile d'olive. Salez, poivrez et mélangez délicatement.

❒ Hachez grossièrement les olives et les câpres. Pelez la gousse d'ail et hachez-la également. Lavez la menthe, effeuillez-la et émincez-la.

❒ Ajoutez sur les tagliatelles de courgette le hachis d'olives et de câpres, la menthe et l'ail. Mélangez, couvrez de film étirable et réservez si possible pendant 2 heures au frais pour que les saveurs se mélangent.

VERRINES DE NOUILLES LICORNE FLEURIES

POUR 4 PERSONNES • PRÉPARATION : 20 MIN • CUISSON : 15 MIN

100 g de vermicelles de riz + 100 g de chou rouge + 2 petites patates douces (ou 1 grosse)
1 cuil. à soupe de graines de sésame noir + 4 pincées de graines germées
4 fleurs comestibles + 1 cuil. à soupe d'huile d'olive + Sel, poivre

❒ Préchauffez le four à 180 °C (th. 6). Pelez et lavez les patates douces, puis coupez-les en petits dés. Dans un saladier, mélangez-les avec l'huile d'olive, salez et poivrez. Enfournez pour 15 minutes.

❒ Versez 1 litre d'eau dans une casserole, ajoutez le chou rouge, portez à ébullition et laissez 5 minutes à frémissement.

❒ Filtrez l'eau bleue dans un grand saladier et plongez-y les vermicelles de riz. Laissez-les tremper 4 minutes, puis égouttez-les. Les vermicelles sont devenus bleus.

❒ Disposez les nouilles dans des verrines, ajoutez les dés de patate douce par-dessus, le sésame noir, les graines germées et les fleurs comestibles.

Vous pouvez ajouter 1 cuillerée à café de purée d'amandes qui se marie très bien avec la patate douce.

CEVICHE DE SAUMON

POUR 4 PERSONNES • PRÉPARATION : 15 MIN • REPOS : 15 MIN

350 g de saumon frais + 1 petit oignon rouge + 1 petit bouquet de coriandre
6 citrons verts + Sel

❐ Coupez le saumon en cubes de 1 cm de côté environ. Placez-les dans un plat, assaisonnez avec 1 cuillerée à café de sel, couvrez d'eau bien froide et laissez mariner le temps de préparer les autres ingrédients.

❐ Pelez et coupez l'oignon en quatre, émincez ensuite les quarts d'oignon en tranches. Pressez les citrons verts. Rincez et égouttez bien le saumon, remettez-le dans le plat, ajoutez l'oignon et 3 à 4 tiges de coriandre. Couvrez avec le jus de citron et réservez une quinzaine de minutes au frais.

❐ Effeuillez 3 à 4 tiges de coriandre et hachez les feuilles assez grossièrement. Retirez les tiges de coriandre du plat de marinade et égouttez bien tout le reste.

❐ Mettez le saumon et l'oignon dans un plat de service. Ajoutez la coriandre hachée et dégustez aussitôt.

FÈVES AU CHORIZO

POUR 4 PERSONNES • PRÉPARATION : 25 MIN • CUISSON : 15 MIN

12 grandes rondelles de chorizo doux + 1,5 kg de fèves fraîches en cosses
2 gousses d'ail + 2 oignons + 1 cuil. à soupe de marjolaine fraîche ciselée
3 cuil. à soupe d'huile d'olive + 10 cl de xérès + Sel, poivre

❒ Écossez les fèves et plongez-les dans une grande casserole d'eau portée à ébullition. Comptez 1 minute après la reprise de l'ébullition, puis égouttez-les et laissez-les refroidir. Épluchez-les (dérobez-les) ensuite en les pinçant une par une entre le pouce et l'index. Si les fèves sont très jeunes (ou achetées dérobées et congelées), cette opération n'est pas nécessaire. Pelez et hachez finement les gousses d'ail et les oignons. Pelez les rondelles de chorizo et retaillez-les en deux.

❒ Faites chauffer l'huile dans une sauteuse. Ajoutez l'ail et les oignons, mélangez et faites revenir 3 minutes sur feu moyen. Ajoutez le chorizo, mélangez et faites cuire encore 2 minutes. Ajoutez les fèves, la marjolaine, le xérès et 2 cuillerées à soupe d'eau. Salez et poivrez. Couvrez et laissez mijoter doucement pendant 10 minutes.

❒ Prélevez le mélange de fèves et de chorizo avec la sauce et répartissez-le dans des cassolettes. Servez-les avec une petite cuillère.

VERRINES FAISSELLE ET LÉGUMES FRAIS

POUR 6 VERRINES • PRÉPARATION : 20 MIN

1 faisselle de 500 g + 1 poivron + 1 carotte + ½ botte de ciboulette
1 tranche de pain + 3 cuil. à soupe d'huile d'olive + Fleur de sel et poivre

❐ Égouttez la faisselle. Émincez la ciboulette. Mélangez la faisselle, la ciboulette et l'huile d'olive. Réservez au frais.

❐ Épluchez la carotte et détaillez-la en petits dés. Faites la même chose avec le poivron. Faites griller la tranche de pain. Servez le fromage blanc dans des petites verrines, assaisonnez de fleur de sel, poivrez et servez avec les légumes et le pain grillé émietté.

Vous pouvez ajouter dans la faisselle un trait de vinaigre balsamique.

VERRINES CRUMBLE DE POTIMARRON

POUR 4 VERRINES • PRÉPARATION : 20 MIN • CUISSON : 20 MIN

500 g de potimarron + 200 g de farine + 150 g de beurre
2 cuil. à soupe d'huile d'olive + Sel, poivre

❒ Préchauffez le four à 180 °C (th. 6). Coupez le potimarron en 4 grands morceaux. Épluchez-les. Coupez-les en petits dés. Dans une cocotte, faites chauffer l'huile d'olive. Ajoutez le potimarron. Salez et poivrez. Mélangez et laissez cuire à feu moyen jusqu'à ce qu'il soit bien tendre.

❒ Coupez le beurre en petits morceaux. Versez la farine dans un saladier. Ajoutez le beurre. Malaxez jusqu'à obtenir de grosses miettes. Salez et poivrez.

❒ Déposez les dés de potimarron poêlés dans un plat allant au four. Recouvrez-les de crumble. Faites cuire 20 minutes. Servez dans des grandes verrines.

Pour encore plus de goût, vous pouvez utiliser du panais.

VERRINES CONCOMBRE ET CORIANDRE À LA GRECQUE

POUR 6 VERRINES • PRÉPARATION : 20 MIN

2 concombres + 3 yaourts brassés et veloutés + 1 botte de coriandre
1 cuil. à café de gingembre frais réduit en purée + Le jus de ½ citron vert + Sel, poivre

- Épluchez les concombres, coupez-les en deux dans le sens de la longueur et retirez le cœur avec une petite cuillère. Détaillez-les en petits dés.
- Effeuillez la coriandre et ciselez-la finement.
- Mélangez dans un saladier tous les ingrédients, salez et poivrez. Servez bien frais dans des verrines.

Vous pouvez ajouter des radis émincés.

VERRINES DE RADIS NOIR À LA CORIANDRE

POUR 4 PERSONNES • PRÉPARATION : 20 MIN

1 petit radis noir + 5 tiges de coriandre + 4 feuilles de menthe
1 oignon primeur + 12 tomates cerises rouges et jaunes + 2 cuil. à soupe de vinaigre balsamique blanc + 1 cuil. à soupe d'huile de sésame + 1 cuil. à soupe d'huile d'olive
4 pincées de graines de sésame noir + Sel, poivre

❒ Pelez et lavez le radis noir, coupez-le en tranches, puis en bâtonnets. Rincez la coriandre et la menthe, effeuillez-les et hachez-les. Nettoyez et rincez l'oignon primeur, puis hachez-le, y compris la partie verte. Rincez les tomates, coupez-les en deux.

❒ Mélangez dans un saladier les bâtonnets de radis noir, la coriandre, la menthe et l'oignon hachés. Salez, poivrez, ajoutez le vinaigre balsamique blanc, l'huile d'olive et l'huile de sésame. Répartissez dans 4 verrines, décorez avec les tomates cerises et le sésame, et servez aussitôt.

COROLLES DE FOIE GRAS À LA GELÉE DE FRUITS DE LA PASSION

POUR 4 PERSONNES • PRÉPARATION : 30 MIN • CUISSON : 12 MIN
RÉFRIGÉRATION : 2 H

400 g de foie gras de canard mi-cuit + 6 fruits de la Passion + 12 cerneaux de noix
1 rouleau de pâte feuilletée + 1 feuille de gélatine + 2 morceaux de sucre + Poivre

❒ Coupez les fruits de la Passion en deux et videz-les avec une petite cuillère. Passez le jus obtenu dans une petite casserole. Faites ramollir la feuille de gélatine dans un bol d'eau.

❒ Ajoutez au jus de fruits de la Passion les morceaux de sucre et chauffez doucement en remuant pour faire fondre. Ajoutez 2 à 3 cuillerées à soupe d'eau et la feuille de gélatine essorée. Fouettez vivement et versez dans un petit plat creux. Mettez au réfrigérateur jusqu'à la prise en gelée.

❒ Préchauffez le four à 220 °C (th. 7-8). Dans la pâte feuilletée abaissée finement, découpez 4 grands disques de 20 cm de diamètre, piquez-les à la fourchette et mettez-les en place délicatement dans les moules en silicone. Faites-les cuire dans le four pendant une douzaine de minutes, sortez-les, démoulez-les et laissez-les refroidir.

❒ Coupez le foie gras bien froid en cubes. Répartissez la gelée de fruits de la Passion dans les corolles feuilletées, puis déposez les cubes de foie gras dessus. Décorez les cubes de foie gras avec les cerneaux de noix, donnez deux tours de moulin à poivre et servez aussitôt.

COUPELLES DE CEVICHE

POUR 4 PERSONNES • PRÉPARATION : 30 MIN • MARINADE : 2 H
CUISSON : 8 À 10 MIN

4 feuilles de brick + 30 g de beurre fondu + 400 g de filets de daurade (ou d'églefin)
1 grosse tomate + 4 oignons nouveaux + 1 avocat + 3 citrons verts + 1 petit piment rouge
1 cuil. à soupe de coriandre ciselée + 2 cuil. à soupe d'huile d'olive + Sel, poivre

❐ Rincez les filets de daurade à l'eau fraîche, épongez-les et supprimez toutes les arêtes. Coupez-les en cubes de 1 cm. Parez les petits oignons en laissant 1 à 2 cm de tige. Hachez-les. Fendez le piment en deux dans la longueur, retirez les graines et émincez-le. Coupez la tomate en deux, retirez les graines et taillez-la en petits dés. Retirez l'écorce et le noyau de l'avocat, coupez-le en petits dés. Pressez les citrons et récupérez le jus. Fouettez-le avec l'huile d'olive. Mélangez le poisson, la tomate, l'avocat, le piment dans un saladier. Versez le jus de citron, salez un peu et poivrez. Couvrez et laissez mariner 2 heures au frais.

❐ Préchauffez le four à 180 °C (th. 6). Découpez 8 disques de 14 cm dans les feuilles de brick. Enduisez-les d'un peu de beurre au pinceau et superposez-les deux par deux dans des moules à tartelettes de 10 cm. Lestez le fond avec des poids à pâtisserie ou des haricots secs et faites cuire 8 à 10 minutes, jusqu'à ce que la pâte soit dorée. Retirez le lest, laissez refroidir et démoulez. Sortez le ceviche du réfrigérateur, remuez et répartissez-le dans les coupelles. Parsemez de coriandre et servez aussitôt.

TULIPES DE MOUSSE DE SARDINES AUX CÂPRES

POUR 4 PERSONNES • PRÉPARATION : 20 MIN • CUISSON : 20 MIN

1 pâte à pizza rectangulaire (32 x 25 cm) + 30 sardines à l'huile environ
20 petites olives noires de Nice + 8 petits cornichons + 200 g de feuilles d'oseille
1 gros citron jaune + 1 gousse d'ail + 6 cuil. à soupe de persil ciselé + 6 cuil. à soupe de coulis de tomates au basilic + 1 cuil. à soupe de câpres

❒ Préchauffez le four à 240 °C (th. 8). Déroulez la pâte à pizza et découpez dedans 4 disques de même taille. Garnissez-en les moules en silicone et badigeonnez-les de coulis de tomates. Faites-les cuire pendant 15 minutes, puis sortez-les, démoulez-les et laissez-les refroidir complètement. Gardez le four chaud.

❒ Ouvrez les boîtes de sardines et égouttez leur contenu dans un saladier. Ajoutez le jus du citron, le persil finement ciselé, la gousse d'ail pelée et émincée. Mélangez en ajoutant les câpres bien égouttées. Passez rapidement cette préparation au mixeur.

❒ Tapissez les tulipes avec les feuilles d'oseille, puis ajoutez la mousse de sardines aux câpres. Décorez avec des rondelles de cornichon et les olives noires dénoyautées.

❒ Remettez les tulipes garnies 5 minutes dans le four encore chaud et servez aussitôt.

TARTARE DE RADIS ROUGES AUX NOIX

POUR 4 PERSONNES • PRÉPARATION : 15 MIN • CUISSON : 1 MIN

1 botte de radis rouges + 8 cerneaux de noix + 50 g de fromage de chèvre frais
5 tiges de coriandre + 2 cuil. à soupe d'huile d'olive + 2 cuil. à soupe de vinaigre de noix + 8 fines tranches de pain de seigle + Sel, poivre

❒ Coupez les fanes des radis, réservez-les pour faire un potage. Lavez les radis, puis hachez-les grossièrement au couteau. Hachez les cerneaux de noix. Rincez la coriandre, effeuillez-la.

❒ Mélangez dans un saladier les radis et les noix hachés, ajoutez le chèvre frais émietté. Salez, poivrez, assaisonnez d'huile d'olive et de vinaigre de noix.

❒ Faites griller les tranches de pain de seigle. Servez la salade bien fraîche avec le pain grillé.

TARTARE DE CONCOMBRE AUX HERBES

POUR 4 PERSONNES • PRÉPARATION : 20 MIN • CUISSON : 10 MIN

1 concombre + 1 gousse d'ail + 1 petit oignon + 10 brins de ciboulette + 2 œufs
4 cuil. à soupe de vinaigre balsamique + 2 cuil. à soupe d'huile d'olive + Sel, poivre

❒ Faites cuire les œufs 10 minutes à l'eau bouillante, passez-les sous l'eau froide et écalez-les. Pelez le concombre et hachez-le grossièrement. Pelez et hachez l'ail et l'oignon. Rincez la ciboulette, coupez-la finement.

❒ Hachez grossièrement les œufs durs. Mélangez le concombre haché (égouttez-le si besoin), l'ail, l'oignon, la ciboulette et 1 cuillerée à soupe d'huile d'olive. Salez et poivrez.

❒ Disposez le tartare de concombre sur 4 assiettes, en formant un dôme. Décorez avec l'œuf haché, et assaisonnez de vinaigre balsamique et de quelques gouttes d'huile d'olive.

GELÉE D'EAU DE TOMATE ET GAMBAS

POUR 8 PERSONNES • PRÉPARATION : 30 MIN • CUISSON : 7 MIN
FILTRAGE : 2 H • RÉFRIGÉRATION : 2 H

8 gambas moyennes + 1 kg de tomates bien mûres + 1 cuil. à soupe de jus de citron vert + 5 feuilles de gélatine + 1 cuil. à soupe de coriandre ciselée
Quelques gouttes de Tabasco® + 3 cuil. à soupe d'huile d'olive + Sel

❒ Coupez les tomates en quartiers, mettez-les dans une casserole et recouvrez-les de 30 à 40 cl d'eau. Amenez à la limite de l'ébullition et laissez frémir 5 minutes. Transvasez-les dans une passoire fine posée sur un saladier, pressez très légèrement avec le dos d'une cuillère, sans les écraser complètement, et laissez égoutter 2 heures. Mesurez le jus récupéré et conservez-en 50 cl.

❒ Faites ramollir les feuilles de gélatine dans un bol d'eau froide. Égouttez-les, chauffez-les doucement avec quelques cuillerées de l'eau de tomate, en remuant pour les faire fondre, puis mélangez-les au reste. Salez et ajoutez 2 à 3 gouttes de Tabasco®. Inclinez les verrines en les calant sur un support et versez délicatement l'eau de tomate. Laissez prendre au moins 2 heures au réfrigérateur. Décortiquez les gambas, incisez-les le long du dos et retirez la veine noire. Rincez-les et épongez-les. Faites-les cuire 2 minutes à l'eau bouillante salée, puis égouttez-les et mettez-les à refroidir sur du papier absorbant. Dans un saladier, mélangez-les à l'huile d'olive, au jus de citron et à la coriandre. Salez, pimentez avec le Tabasco® et mettez au frais. Disposez les gambas sur la gelée de tomate ou glissées sur des piques en bois.

PANNACOTTA DE CHÈVRE, FÉVETTES-ARTICHAUTS

POUR 8 PERSONNES • PRÉPARATION : 30 MIN • CUISSON : 12 À 15 MIN
RÉFRIGÉRATION : 2 H

200 g de chèvre frais + 15 cl de crème liquide + 50 g de lardons allumettes
3 petits artichauts violets + 120 g de jeunes fèves écossées + ½ citron
Quelques copeaux de parmesan + 1 ½ feuille de gélatine + 12 feuilles de basilic ciselées
2 cuil. à soupe d'huile d'olive + 1 cuil. à café de vinaigre balsamique + Sel, poivre

❒ Faites ramollir la gélatine dans un bol d'eau froide. Écrasez le chèvre à la fourchette et faites-le fondre à feu doux avec la crème, sans atteindre l'ébullition, en fouettant pour obtenir un mélange onctueux. Retirez du feu, ajoutez la gélatine égouttée et remuez pour la faire fondre. Incorporez le basilic, salez, poivrez et versez dans les verrines. Laissez prendre 2 heures au réfrigérateur.

❒ Dégagez les fonds des petits artichauts, en retirant très largement les feuilles dures extérieures, puis en coupant la tige et les feuilles au ras du fond. Frottez-les aussitôt avec le citron. Faites-les cuire 6 à 8 minutes à l'eau bouillante salée, égouttez-les, laissez refroidir et coupez-les en petits quartiers. Écossez les fèves. Plongez-les 1 minute dans l'eau bouillante, sortez-les avec une écumoire et jetez-les dans un récipient d'eau glacée. Égouttez-les. Avec un petit couteau, ôtez la pellicule blanche qui les recouvre. Faites-les cuire 3 à 4 minutes à l'eau bouillante salée, en les gardant croquantes. Égouttez-les.

❒ Faites légèrement rissoler les lardons à sec, puis mettez-les à refroidir sur du papier absorbant. Réunissez les févettes, les artichauts et les lardons dans un saladier, versez l'huile d'olive et le vinaigre, assaisonnez et mélangez. Répartissez dans les verrines, sur la pannacotta, puis parsemez le parmesan.

RICOTTA AUX ÉPINARDS ET CHIFFONNADE DE PARME

POUR 8 PERSONNES • PRÉPARATION : 30 MIN • CUISSON : 3 À 4 MIN

4 tranches de jambon de Parme + 300 g d'épinards + 5 cl de crème liquide
250 g de ricotta + 2 feuilles de gélatine + 1 cuil. à soupe de pignons
1 cuil. à soupe d'huile d'olive + Sel, poivre

❒ Triez, lavez et essorez les épinards. Faites-les cuire 2 à 3 minutes à la poêle avec l'huile d'olive, en remuant souvent, juste le temps que les feuilles s'affaissent. Transvasez-les dans une passoire, laissez refroidir et pressez fortement pour éliminer le maximum d'eau. Mixez-les au robot en purée fine et lisse. Salez et poivrez.

❒ Fouettez rapidement la ricotta pour l'assouplir et réservez.

❒ Faites ramollir la gélatine dans un bol d'eau froide. Égouttez-la, puis chauffez-la doucement avec la crème pour la faire fondre. Retirez du feu, mélangez aux épinards et mettez au frais.

❒ Quand la préparation commence à épaissir, incorporez-la délicatement à la ricotta, sans trop remuer pour laisser des marbrures. Répartissez dans les verrines, à l'aide d'une poche à douille ou d'une cuillère, puis remettez au frais jusqu'au moment de servir.

❒ Taillez le jambon en petites lanières après avoir retiré toute la partie grasse. Disposez-les en surface au dernier moment et parsemez de pignons.

TULIPES DE CRABE AU CITRON VERT ET AU PAMPLEMOUSSE

POUR 4 PERSONNES • PRÉPARATION : 35 MIN • CUISSON : 12 MIN

1 rouleau de pâte brisée + 1 grande boîte de miettes de crabe au naturel + 2 branches de céleri + 2 pamplemousses roses + 1 citron vert + 2 cuil. à soupe d'airelles au naturel 1 cuil. à café de paprika doux + 4 cuil. à soupe de mayonnaise + Poivre

❒ Préchauffez le four à 200 °C (th. 6-7). Lavez et essuyez le citron vert. Râpez très finement le zeste. Étalez la pâte brisée le plus finement possible en y incorporant le zeste. Piquez-la. Découpez 4 disques de 15 à 20 cm de diamètre et garnissez-en des moules en silicone en appuyant délicatement pour faire prendre à la pâte la forme des creux.

❒ Faites cuire dans le four pendant une douzaine de minutes, puis démoulez délicatement les tulipes et laissez-les refroidir et sécher complètement.

❒ Pendant ce temps, ouvrez la boîte de crabe, égouttez les miettes de chair en veillant à éliminer le moindre cartilage, arrosez-la de jus de citron vert, puis incorporez la mayonnaise et le paprika. Réservez au frais.

❒ Effilez et tronçonnez finement les branches de céleri. Pelez les pamplemousses, dégagez les quartiers et retirez la peau qui les enveloppe. Recoupez les quartiers en deux.

❒ Juste au moment de servir, garnissez le fond des tulipes avec le céleri haché, ajoutez ensuite la moitié des demi-quartiers de pamplemousse, puis la salade de crabe et ajoutez les derniers quartiers de pamplemousse sur le dessus. Décorez avec les airelles bien égouttées et donnez un tour de moulin à poivre.

TARTARE DE DORADE À LA CIBOULETTE

POUR 4 PERSONNES • PRÉPARATION : 20 MIN

450 g de filets de dorade + 1 citron vert + 4 tiges de ciboulette + 1 petite échalote
1 pincée de paprika + 2 cuil. à soupe d'huile d'olive + Sel, poivre

❒ Pelez et hachez finement l'échalote. Mettez-la dans un bol, ajoutez 3 cuillerées à soupe de jus de citron et l'huile d'olive. Salez, poivrez et ajoutez le paprika. Mélangez et réservez.

❒ Rincez les filets de dorade, épongez-les et hachez-les au couteau. Rincez et hachez la ciboulette.

❒ Filtrez la sauce dans une petite passoire pour éliminer les échalotes. Mélangez la dorade et la ciboulette hachées avec la sauce filtrée. Versez dans 4 verrines et servez avec des gressins.

ASPERGES VERTES AU PARMESAN

POUR 8 PERSONNES • PRÉPARATION : 30 MIN • CUISSON : 15 MIN

8 asperges vertes + 100 g de pommes de terre + 50 g de petits pois très fins
12 petites olives noires dénoyautées + 30 g de fins copeaux de parmesan
5 cl d'huile d'olive + 1 cuil. à café de vinaigre de vin vieux + Sel, poivre blanc

❒ Coupez la base des asperges en laissant une longueur de 12 à 15 cm. Épluchez-les et rincez-les. Faites-les cuire 8 à 10 minutes à l'eau bouillante salée, en les gardant un peu fermes, puis égouttez-les sur un linge. Laissez tiédir. Taillez la tige en petites rondelles et conservez 2 cm de pointe.

❒ Pelez les pommes de terre et taillez-les en petits dés. Faites cuire 5 minutes à l'eau bouillante salée avec les petits pois. Égouttez et laissez tiédir. Hachez les olives au couteau. Dans un saladier, mélangez-les à l'huile d'olive et au vinaigre. Réservez les pointes d'asperges et mettez le reste des légumes dans l'huile. Salez légèrement, donnez quelques tours de moulin à poivre et remuez. Remplissez les verrines, en parsemant la moitié des copeaux de parmesan. Disposez les pointes d'asperges et le reste du parmesan en surface. Servez à température ambiante.

SOUPE FROIDE DE CONCOMBRE À LA MENTHE

POUR 6 PERSONNES • PRÉPARATION : 15 MIN • CUISSON : 1 MIN

3 concombres + 400 g de yaourt grec + 1 bouquet de menthe fraîche
Le jus de 1 citron + 3 cuil. à soupe d'huile d'olive + 40 g de pignons de pin
1 cube de bouillon de légumes bio + 12 glaçons + Sel, poivre

❒ Pelez les concombres et coupez-les en morceaux. Lavez la menthe, séchez-la et effeuillez-la.

❒ Mettez les morceaux de concombre et la menthe dans le bol du blender. Versez le yaourt, le jus de citron et l'huile d'olive. Ajoutez la moitié des pignons, le cube de bouillon, 40 à 50 cl d'eau fraîche, les glaçons et mixez longuement. Goûtez, puis salez et poivrez selon votre goût.

❒ Faites griller le reste des pignons à sec dans une poêle pendant 1 minute en remuant à mi-cuisson. Versez la soupe dans des coupelles et saupoudrez les pignons.

SMOOTHIE À L'AVOCAT

POUR 4 PERSONNES • PRÉPARATION : 5 MIN

2 avocats bien mûrs + 4 yaourts onctueux + 4 gouttes de miel
Le jus de 1 citron (facultatif)

❒ Prélevez la chair des avocats avec une cuillère. Mettez tous les ingrédients dans le bol d'un robot et mixez jusqu'à l'obtention d'une crème.

❒ Ajoutez éventuellement du jus de citron et dégustez à la petite cuillère.

GASPACHO ESKIMO AU PIMENT D'ESPELETTE

POUR 6 PERSONNES • PRÉPARATION : 15 MIN • CONGÉLATION : 5 H

8 tomates bien mûres + 1 gros poivron rouge + 1 petit concombre + 1 gousse d'ail
1 oignon + 4 brins de coriandre + 1 cuil. à soupe d'huile d'olive
2 cuil. à soupe de vinaigre de Xérès + Piment d'Espelette + Sel

❒ Ébouillantez les tomates quelques secondes, afin de les peler plus facilement. Ouvrez-les, épépinez-les et coupez-les en quatre.

❒ Pelez le poivron avec un épluche-légumes, ouvrez-le, égrenez-le et retirez les parties blanches. Coupez-le en dés. Épluchez le concombre et émincez-le grossièrement. Pelez et émincez également l'ail et l'oignon.

❒ Rassemblez tous ces légumes dans le bol du blender avec la coriandre lavée, l'huile d'olive et le vinaigre. Ajoutez ½ verre d'eau et mixez longuement. Goûtez, salez très légèrement et pimentez.

❒ Versez cette soupe dans des moules à bâtonnets glacés et laissez prendre 5 heures au congélateur.

Voilà une façon ultra rafraîchissante, mais surtout ludique de déguster cette soupe froide, pleine de légumes et de vitamines. À n'en pas douter, elle plaira aux petits comme aux grands gourmands.

SMOOTHIE TOMATE, FENOUIL, BASILIC ET RAS EL-HANOUT

POUR 6 PERSONNES • PRÉPARATION : 20 MIN • CUISSON : 1 MIN

4 tomates + ½ concombre + 1 bulbe de fenouil + 3 cuil. à soupe de basilic ciselé
30 cl de jus de tomate + 8 glaçons + 1 cuil. à café de ras el-hanout + Sel, poivre

❒ Portez une casserole d'eau à ébullition et ébouillantez-y les tomates quelques secondes. Retirez-les, égouttez-les et pelez-les. Épépinez-les et coupez-les en morceaux.

❒ Pelez le concombre et coupez-le en morceaux. Coupez court les tiges du fenouil et, si nécessaire, pelez les parties abîmées. Découpez-le en morceaux.

❒ Rassemblez dans le bol du blender tomates, concombre, fenouil, basilic, jus de tomate et glaçons. Ajoutez le ras el-hanout. Mixez longuement.

❒ Allongez d'eau fraîche, tout en mixant, jusqu'à obtenir la consistance désirée, salez, poivrez avant de déguster.

Le ras el-hanout est un mélange d'épices d'Afrique du Nord, notamment utilisé pour parfumer couscous et tajines. Il est composé d'une trentaine d'épices parmi lesquelles on trouve notamment du cumin, du gingembre, de la cardamome, de l'anis étoilé, etc.

SOUPE FROIDE DE CHOU-FLEUR AU CURRY

POUR 6 PERSONNES • PRÉPARATION : 10 MIN • CUISSON : 20 MIN
RÉFRIGÉRATION : 2 H

600 g de chou-fleur + 1 cuil. à soupe de curry en poudre + 1 cube de bouillon de légumes bio + 20 cl de crème fraîche + 12 glaçons
Quelques feuilles de coriandre pour servir + Sel, poivre

❐ Séparez le chou-fleur en bouquets. Rassemblez-les dans une casserole avec le cube de bouillon et ajoutez de l'eau à hauteur des légumes. Couvrez, puis faites cuire 20 minutes environ à petits frémissements.

❐ Retirez du feu et patientez quelques minutes avant de mettre la casserole au frais. Comptez 2 heures de réfrigération.

❐ Égouttez le chou-fleur juste avant de servir en conservant le bouillon. Mettez le chou-fleur dans le bol du blender. Ajoutez la crème, les glaçons et le curry. Mixez longuement en ajoutant peu à peu le bouillon pour obtenir la consistance désirée. Goûtez avant de saler et de poivrer. Dégustez cette soupe bien froide dans des verres, décorée de feuilles de coriandre ciselées.

Pour une note encore plus exotique, vous pouvez remplacer la crème fraîche par du lait de coco.

SMOOTHIE CONCOMBRE ET POMMES

POUR 6 PERSONNES • PRÉPARATION : 15 MIN

2 concombres + 2 pommes granny-smith + 2 cuil. à soupe de vinaigre de riz
2 cuil. à soupe d'huile de sésame + 1 cuil. à soupe de sauce soja + Le jus de 1 citron jaune
Le jus de 1 citron vert + 6 brins de coriandre fraîche + 12 glaçons + Sel, poivre

❒ Pelez les concombres et coupez-les en morceaux. Pelez les pommes, coupez-les en quartiers et épépinez-les. Arrosez les morceaux de pomme de jus de citron pour retarder l'oxydation.

❒ Passez la coriandre sous l'eau, séchez-la dans un papier absorbant, effeuillez-la et ciselez-la. Rassemblez les morceaux de concombre et de pomme dans le bol du blender, ajoutez le jus du citron vert, le vinaigre de riz, l'huile de sésame, les glaçons et la sauce soja. Mixez en ajoutant plus ou moins d'eau, selon la consistance désirée. Goûtez et rectifiez l'assaisonnement. Servez frais, saupoudré de coriandre ciselée, dans des verres.

SOUPE FROIDE AUX PETITS POIS ET MENTHE

POUR 4 PERSONNES • PRÉPARATION : 20 MIN • CUISSON : 20 MIN • REPOS : 2 H

400 g de petits pois écossés (frais ou surgelés) + 2 oignons nouveaux + 1 gousse d'ail
2 brins de menthe + 2 brins de cerfeuil + 2 cuil. à soupe d'huile d'olive
50 g de fromage frais + 1 brin de thym + Sel, poivre

❒ Portez à ébullition 0,75 l d'eau salée et poivrée. Ajoutez les petits pois et le thym, faites cuire 20 minutes. Retirez le thym et laissez refroidir pendant la préparation des autres ingrédients.

❒ Lavez les oignons nouveaux, coupez-les en morceaux, y compris la tige. Pelez l'ail. Rincez la menthe et le cerfeuil, effeuillez-les.

❒ Mixez les petits pois et la moitié de l'eau de cuisson, les oignons nouveaux, l'ail, les feuilles de menthe et de cerfeuil, le fromage frais et l'huile. Ajoutez éventuellement de l'eau de cuisson pour obtenir une soupe veloutée.

❒ Couvrez de film alimentaire et placez au réfrigérateur au moins pendant 2 heures. Dégustez très frais avec des tranches de pain complet ou au son.

SALMOREJO DE CORDOUE

POUR 4 À 6 PERSONNES • PRÉPARATION : 15 MIN • REPOS : 6 H • CUISSON : 30 S

2 tranches épaisses de jambon serrano + 800 g de tomates bien mûres + 1 gousse d'ail
3 œufs durs + 150 g de mie de pain rassis + 15 cl d'huile d'olive
6 cl de vinaigre de Xérès + Sel, poivre

❒ Pelez la gousse d'ail. Écalez les œufs et coupez-les en quartiers.

❒ Plongez les tomates 30 secondes dans l'eau bouillante, pelez-les et coupez-les en morceaux.

❒ Faites ramollir la mie de pain dans de l'eau froide, puis essorez-la en la pressant bien entre vos doigts. Mouillez-la avec le vinaigre et placez-la dans un récipient hermétique avec les tomates, les œufs et l'ail. Salez et laissez reposer 6 heures au réfrigérateur.

❒ Taillez le jambon en petits dés ou en fines lamelles.

❒ Transvasez le contenu du récipient dans le bol d'un robot et mixez longuement, en versant lentement l'huile d'olive, jusqu'à l'obtention d'une émulsion parfaitement crémeuse.

❒ Goûtez, rectifiez l'assaisonnement en sel et donnez quelques tours de moulin à poivre.

❒ Servez très frais, en décorant avec le jambon.

VELOUTÉ DE POTIMARRON

POUR 4 PERSONNES • PRÉPARATION : 20 MIN • CUISSON : 2 H

500 g de potimarron + 6 gousses d'ail + 4 tranches de bacon bien fines
3 cuil. à soupe d'huile d'olive + 4 cuil. à soupe de crème liquide
30 cl de bouillon de volaille + Sel, poivre

❒ Préchauffez le four à 120 °C (th. 4). Pendant ce temps, enlevez les filaments et les graines du potimarron à l'aide d'un couteau. Arrosez-le d'huile d'olive et déposez-le sur une plaque allant au four avec les gousses d'ail non épluchées pendant 2 heures. Une dizaine de minutes avant la fin de la cuisson, déposez les tranches de bacon dans le four.

❒ Lorsque le potimarron est cuit, raclez-le avec une cuillère, exprimez la chair des gousses d'ail avec une fourchette et mixez le tout avec le bouillon brûlant jusqu'à l'obtention de la consistance désirée. Salez et poivrez.

❒ Montez la crème en chantilly et ajoutez-la au dernier moment au velouté dans des verrines, afin de lui donner un effet cappuccino. Servez avec les tranches de bacon.

Vous pouvez cuire le potimarron dans un bouillon que vous préparez vous-même à base d'os de jambon et d'une garniture aromatique.

VELOUTÉ AUX OLIVES

POUR 4 PERSONNES • PRÉPARATION : 20 MIN

100 g d'olives vertes et d'olives noires dénoyautées + 12 filets d'anchois à l'huile
1 concombre + 1 poivron vert + 1 poivron rouge + 60 g de pain rassis + 15 cl de lait
4 cuil. à soupe de mascarpone + 10 cl d'huile d'olive + Le jus de 1 citron
4 feuilles de basilic + 1 branche de thym + 1 branche de romarin + Poivre

❒ Égouttez les filets d'anchois et épongez-les à l'aide d'un papier absorbant. Dans un bol, faites tremper le pain 30 secondes dans le lait. Égouttez-le. Pelez le concombre, coupez-le en deux dans le sens de la longueur et ôtez le cœur avec une petite cuillère. Coupez-le en gros tronçons. Nettoyez les poivrons, coupez-les en deux et épépinez-les. Coupez-les en dés.

❒ Dans le bol d'un robot, mélangez les olives, les anchois, le concombre, le pain, le mascarpone, le jus de citron, le basilic, le thym et le romarin. Mixez. Ajoutez de l'huile d'olive jusqu'à l'obtention de la consistance souhaitée. Poivrez, mélangez vivement avec un fouet et réservez au réfrigérateur.

❒ Servez très frais dans des verrines avec les dés de poivron.

Vous pouvez remplacer le mascarpone par du fromage blanc.

VELOUTÉ FROID DE BETTERAVES ROUGES, HUILE DE BASILIC ET FETA

POUR 6 PERSONNES • PRÉPARATION : 15 MIN • CUISSON : 30 MIN

500 g de betteraves crues + 200 g de pommes de terre + 1 oignon rouge + 1 vingtaine de feuilles de basilic + quelques-unes pour la décoration + 1 l de bouillon de volaille + 20 g de beurre demi-sel + 10 cl d'huile d'olive + 100 g de feta + Sel, poivre + Fleur de sel

❒ Épluchez les pommes de terre et les betteraves, lavez-les et coupez-les en cubes. Émincez l'oignon.

❒ Laissez fondre le beurre dans une grande casserole, faites-y revenir l'oignon, les betteraves et les pommes de terre. Remuez 1 minute, versez le bouillon et salez. Laissez cuire doucement à couvert pendant 30 minutes. Vérifiez la tendreté des légumes.

❒ Mixez les ingrédients précédents avec le jus de cuisson, en incorporant progressivement le liquide jusqu'à l'obtention de la texture souhaitée. Vérifiez l'onctuosité. Goûtez et rectifiez l'assaisonnement. Conservez le reste du jus de cuisson pour allonger le velouté plus tard s'il est devenu trop épais. Conservez le velouté au frais.

❒ Mixez l'huile d'olive avec les feuilles de basilic et coupez la feta en petits cubes.

❒ Versez le velouté froid de betteraves dans de beaux verres transparents, déposez sur chacun un trait d'huile au basilic, un cube de feta et une feuille de basilic. Assaisonnez avec la fleur de sel et donnez un tour de moulin à poivre. Servez aussitôt.

VELOUTÉ DE BROCOLI À LA COPPA

POUR 4 PERSONNES • PRÉPARATION : 15 MIN • CUISSON : 15 MIN

600 g de petits bouquets de brocolis + 1 cuil. à soupe d'oignon haché + 1 cuil. à soupe d'huile d'olive + 1 cube de bouillon de légumes + 4 tranches de coppa + 8 cuil. à soupe de mascarpone + 8 biscottes à la farine complète + Sel, poivre

❒ Faites revenir l'oignon dans l'huile sans laisser colorer, ajoutez les brocolis et versez 60 cl d'eau chaude, où vous aurez fait dissoudre le cube de bouillon. Laissez cuire pendant 10 minutes. Salez et poivrez.

❒ Pendant ce temps, taillez les tranches de coppa en fines languettes. Écrasez grossièrement les biscottes avec un rouleau à pâtisserie.

❒ Mixez les brocolis. Versez 1 cuillerée de biscottes écrasées dans le fond de chaque verrine. Ajoutez 1 cuillerée de mascarpone, puis le quart du velouté de brocoli. Versez à nouveau 1 cuillerée de biscottes et 1 cuillerée de mascarpone. Disposez sur le dessus les languettes de coppa. Servez à température ambiante, avec une petite cuillère.

GASPACHO COURGETTES ET CRESSON

POUR 8 PERSONNES • PRÉPARATION : 20 MIN • CUISSON : 3 MIN

600 g de petites courgettes (pour 400 g net) + 1 poignée de cresson
2 yaourts brassés + Sel, poivre

❒ Supprimez les extrémités des courgettes. Lavez-les, coupez-les en quatre dans la longueur, puis retirez le cœur pour ne conserver que 1 cm de chair avec la peau verte. Taillez-les en cubes. Coupez les tiges du cresson. Triez-le et lavez-le avec soin. Essorez-le.

❒ Plongez les courgettes et le cresson 3 minutes dans un grand volume d'eau bouillante salée, puis égouttez-les en réservant un peu d'eau de cuisson. Mettez-les dans le bol d'un robot et mixez, en rajoutant un peu de l'eau de cuisson, jusqu'à l'obtention d'une purée onctueuse et lisse.

❒ Ajoutez les yaourts, salez, poivrez et donnez encore quelques impulsions pour homogénéiser le mélange. Répartissez dans des verres et réservez au frais jusqu'au moment de servir.

SOUPE GLACÉE DE MELON, FETA, HUILE ET BASILIC

POUR 4 PERSONNES • PRÉPARATION : 10 MIN • CUISSON : 1 MIN

1 melon + 50 g de feta émiettée + 30 g de basilic + 2 gousses d'ail + 80 ml d'huile d'olive

❒ Réalisez l'huile au basilic : blanchissez le basilic dans une casserole d'eau bouillante pendant 10 secondes, égouttez-le, rincez-le à l'eau froide et séchez-le soigneusement à l'aide d'un papier absorbant.

❒ Écrasez les gousses d'ail avec le plat d'un couteau et retirez leurs peaux, déposez-les dans le bol d'un robot culinaire, versez l'huile et ajoutez les feuilles de basilic, mixez 1 minute puis assaisonnez.

❒ Déposez, dans un blender, la chair du melon coupée en morceaux. Mixez jusqu'à l'obtention d'un liquide homogène. Décorez d'un généreux filet d'huile au basilic et de la feta. Assaisonnez et servez aussitôt.

MINI-VELOUTÉ CAROTTES ET COCO

POUR 8 PERSONNES • PRÉPARATION : 10 MIN • CUISSON : 30 MIN

500 g de carottes + 1 oignon + 75 cl de bouillon de volaille ou de légumes + 10 g de beurre
25 cl de lait de coco + 10 g de noix de coco râpée (facultatif) + Sel, poivre

❐ Épluchez et lavez les carottes, puis coupez-les en rondelles. Émincez l'oignon.

❐ Faites fondre le beurre dans une casserole, faites-y revenir l'oignon, puis ajoutez les carottes. Remuez 1 minute et versez le bouillon. Salez et poivrez. Laissez cuire doucement à couvert jusqu'à ce que les carottes soient tendres 30 minutes environ. Mixez les carottes avec le jus de cuisson, en incorporant le liquide jusqu'à l'obtention de la texture souhaitée, puis complétez avec le lait de coco. Goûtez et rectifiez l'assaisonnement. Versez le velouté chaud dans les verrines, décorez avec de la noix de coco râpée et servez aussitôt.

DÉLICE DE BUTTERNUT EN VERRINES ET FOIE GRAS POÊLÉ

POUR 8 PERSONNES • PRÉPARATION : 15 MIN • CUISSON : 35 MIN

200 g de foie gras cru + 20 g de beurre demi-sel (à la fleur de sel croquante)
30 cl de crème fleurette + 1 oignon émincé + 1 butternut (à remplacer par du potimarron ou de la citrouille selon le marché) + ½ l d'eau ou de bouillon de volaille
Fleur de sel + Sel, poivre

❒ Ôtez la peau épaisse de la butternut, coupez le légume en deux, épépinez-le et coupez la chair en petits cubes.

❒ Dans une casserole, faites fondre le beurre et laissez dorer l'oignon, ajoutez les cubes de butternut, remuez, salez et poivrez. Recouvrez avec l'eau ou le bouillon.

❒ Après 30 minutes de cuisson, récupérez les légumes avec une écumoire et déposez-les dans le bol d'un blender. Versez le jus de cuisson selon la texture souhaitée, mixez, ajoutez la crème fleurette, goûtez, rectifiez l'assaisonnement.

❒ Avant de servir, réchauffez le velouté à feu doux, sans faire bouillir.

❒ Pendant ce temps, coupez 6 petites tranches de foie gras de 1 cm d'épaisseur. Assaisonnez-les de chaque côté avec le sel et le poivre, puis saisissez-les dans une poêle très chaude, 10 secondes sur chaque face.

❒ Retirez-les et égouttez-les sur du papier absorbant.

❒ Versez le velouté de butternut dans de jolis verres, posez le foie gras par-dessus et ajoutez quelques cristaux de fleur de sel.

MINI-VELOUTÉ DE VITELOTTE

POUR 8 PERSONNES • PRÉPARATION : 20 MIN • CUISSON : 35 MIN • REPOS : 1 H

300 g de pommes de terre vitelotte + 1 oignon rouge + 1 l de bouillon de volaille ou de légumes + 20 g de beurre demi-sel + 30 cl de crème fleurette + Lait (facultatif)
Sel, poivre

Pour les chips : 10 pommes de terre vitelotte + Huile de friture + Sel

❒ Épluchez et lavez les pommes de terre destinées au velouté. Coupez-les en deux ou en quatre selon leur grosseur. Émincez l'oignon.

❒ Pour la préparation des chips, lavez les pommes de terre. Coupez-les en tranches fines avec une mandoline. Rincez les tranches de pommes de terre afin d'enlever l'excès d'amidon. Étalez-les sur du papier absorbant, recouvrez-les d'une seconde couche de papier absorbant et appuyez afin de bien les sécher. Laissez reposer 1 heure.

❒ Faites frire les tranches de pommes de terre dans une friteuse ou à la poêle. Déposez les chips sur du papier absorbant, salez et laissez refroidir.

❒ Pour le velouté, laissez fondre le beurre dans une grande casserole ; faites-y revenir l'oignon et les pommes de terre. Remuez 1 minute, versez le bouillon et salez. Laissez cuire doucement à couvert 30 minutes. Mixez l'oignon et les pommes de terre avec le jus de cuisson, en incorporant le liquide jusqu'à l'obtention de la texture souhaitée, puis complétez avec la crème fleurette. Si le velouté est encore trop épais, ajoutez du lait tiède. Goûtez et rectifiez l'assaisonnement. Versez le velouté de vitelotte dans les verrines et mettez les chips dans des petits bols.

INDEX

RECETTES :

Stéphanie Bulteau : 4, 6, 8 ; Véronique Liégeois : 10, 12, 23, 38, 45, 80, 83, 84, 125, 128, 132, 134, 145, 152, 153, 162, 173 ; Dorian Nieto : 13, 22, 26, 43, 44, 62, 63, 90, 104, 110, 112, 116, 122, 123, 133, 138 ; Sylvie Girard Lagorce : 14, 70, 105, 124, 140, 146, 150, 160, 182 ; Solveig Darrigo : 16 ; Estérelle Payany : 18, 33, 106 ; Laura Annaert : 20, 85, 103, 113, 165 ; Olivier Rouault / Karen Fingerhut : 25 ; Véronique Cauvin : 28, 34, 46, 48, 52, 53, 74, 100, 120, 180, 185, 186, 188 ; David Batty : 30, 32, 142, 143, 144, 176, 178 ; Coralie Moutat : 36 ; Alice Greetham : 40, 73, 82, 86, 88, 130 ; Émilie Laraison : 42, 64, 72, 96, 102, 108, 136 ; Lucie Dauchy : 50, 54 ; Sylvie Aït-Ali : 56, 58, 60 ; Zoé Armbruster : 65, 118, 126, 184 ; Céline Mennetrier : 66, 68 ; Stéphanie Jouan : 76, 78, 92, 93 ; Martine Lizambard : 94, 98, 114, 148, 154, 156, 158, 163, 183 ; Philippe Roussillon : 164, 166, 168, 170, 172, 174

PHOTOGRAPHIES ET STYLISME :

Guillaume Czerw / Sophie Dupuis Gaulier : 5, 7, 9, 37, 49, 52, 67, 69, 95, 121 ; Valéry Guedes : 11, 12, 23, 39, 45, 79, 81, 84, 135 ; Dorian Nieto : 13, 22, 27, 43, 44, 62, 63, 91, 104, 111, 112, 117, 122, 123, 133, 139 ; Martin Balme / Lucie Dauchy : 15 ,71, 105, 125, 141 ; Éric Fenot / Delphine Brunet : 17, 129, 132, 183, 186 ; Bernard Radvaner / Motoko Okuno : 19, 33, 107, 149 ; Claire Curt / Pauline Ricard-André : 21, 85, 103, 113, 165 ; Bernard Radvaner : 25 ; Pierre Chivoret / Alexia Janny : 29, 35, 47, 53, 75, 101 ; Nathalie Carnet / Bérengère Abraham : 31, 32, 142, 143, 144, 177, 179 ; Julie Bienvenot : 41, 73, 82, 87, 89, 131 ; Émilie Laraison : 42, 64, 72, 83, 97, 102, 109, 137, 162, 173 ; Valéry Guedes / Lucie Dauchy : 51, 55 ; Sylvie Aït-Ali : 57, 59, 61 ; Zoé Armbruster : 65, 118, 127, 184 ; Stéphanie Jouan : 77, 92, 93 ; Amélie Roche / Audrey Cosson : 99, 115 ; Amandine Honegger / Sylvie Rost : 125, 145, 152, 153, 164, 167, 169, 171, 172, 175 ; Valéry Guedes / Valentina Pilia : 147, 151, 161 ; Amélie Roche / Alexia Janny : 155, 157, 159, 163, 183 ; Pierre-Louis Viel / Motoko Okuno : 181, 185, 189

Directeur éditorial : **Didier Férat**

Édition : **Diane Monserat**

Graphisme : **Julia Philipps**

Mise en page : **Nord Compo**

Fabrication : **Laurence Duboscq**

92, avenue de France, 75013 Paris

ISBN : 978-2-263-17398-1

Code éditeur : L 17398/02

Dépôt légal : janvier 2021

Imprimé en Espagne par Macrolibros